W0411985

La Corse

EN PLEIN VOL

La Corse

EN PLEIN VOL

Photographies
Frank Mulliez

Texte
Philippe Franchini

Tana
éditions

GEO

double page précédente
▲ Pointe de Spérone
◄ Plage de Saleccia

Sommaire

À celui ou à celle qui l'aborde par la mer, la Corse, qui surgit avec sa masse de pics et de monts tombants dominant des rivages découpés en criques et en plaines aussi peu nombreuses qu'étroites, paraît à la fois attirante et farouche, séduisante et mystérieuse. La voir comme si l'on était un oiseau ne dissipe nullement ce mystère, même si le regard peut plonger en ses replis nichés au creux de montagnes dressées comme des forteresses. N'est-ce pas d'ailleurs une gageure de prétendre percer les secrets d'une île dont le

Introduction

caractère principal réside dans la verticalité de ses éléments, des nombreux pics aux pins laricio, de la fière attitude de ses habitants aux clochers de village pointés vers le ciel ? La beauté aussi somptueuse que sauvage de cette cathédrale de pierre dans sons écrin de forêts et de maquis, et baignant dans des eaux limpides, ne semble guère disposée à se livrer à celui qui ne saurait en comprendre la rareté, la respecter, la sentir, en humer le parfum, et surtout entendre la musique qui s'élève d'une nature dont les traits les plus extrêmes nous apparaissent liés par un jeu de subtiles correspondances.

On serait tenté de croire que tout ne serait ou ne pourrait être que « calme, luxe et volupté » en cette sorte d'Eden, si les vestiges et autres témoignages du passé ne nous livraient une autre partition, celle des violences d'une histoire tumultueuse, marquée par une interminable suite d'agressions étrangères et de conflits internes.

D'une extrémité de l'île à l'autre, d'une cime embrumée aux plages dorées d'une anse, d'une vallée à l'autre, au-delà des particularismes de chaque village, c'est surtout la voix de l'homme que l'on entend en ce pays où règne, dit-on, la loi du silence. Celui-ci n'est en fait que réserve dictée par la prudence, la sagesse, ou la solidarité, puisque selon le dicton, *pane e pernice, affari di casa un si ne dice,* « pain et perdrix, les affaires de famille ne se disent pas ». En vérité, cette voix n'a cessé de se faire entendre, pour prier ou même défier Dieu et le destin, auquel elle ose s'identifier parfois au risque de se vouer au diable, mais aussi pour tisser la trame des rumeurs et des légendes qui forgent les liens communautaires, car en son sanctuaire, ce peuple arc-bouté sur un profond désir individuel ou collectif de liberté a toujours été hanté par les mythes.

En ce monde apparemment contradictoire, à l'image du relief morcelé où voisinent les contraires, où fleurissent les différences de tempérament ou d'idiomes, et les inévitables rivalités nées de l'enfermement insulaire, nul Corse n'oublie son appartenance au cercle de l'île mère, qu'une autre dualité, plus réelle, partage, celle de la montagne et de la plaine. Car l'homme crée l'unité quand il chante, qu'il soit berger ou croyant, seul ou en chœur, en polyphonie vocale ou instrumentale, pour exprimer ses sentiments face à la vie, à la mort. Maître du verbe, il est poète en sa langue si expressive et musicale, et sait en jouer dans la spontanéité du jeu oratoire du *chjami e rispondi* – appels et répliques –, alors que le seul vrai silence est celui des crêtes ou des refuges de paix et de solitude que l'on peut toujours découvrir en cette Corse pétrie de passion et d'orgueil.

Philippe Franchini

◄ Campomoro (Campomoru)

À hauteur des nuages, la vision de la Corse est étonnante par la révélation d'aspects méconnus. Sans doute, éprouve-t-on le sentiment de pouvoir disposer d'un vaste éventail de lieux propices à une halte ou à une villégiature, mais on ne saurait dire que l'impression de mystère dégagée par l'île lorsqu'elle est abordée par la mer disparaisse complètement.

Résonances

Si l'extrême variété des ouvrages créés par la longue création de la géologie et de l'érosion nous est également confirmée, on peut être surpris par le jeu des résonances entre les diverses formes d'une nature qui nous apparaît parfois sculptée par quelque démiurge fou, désireux de montrer sa puissance, parfois exceptionnellement préservée des ravages de l'histoire tumultueuse de l'homme. On est surtout frappé de découvrir que toute l'île semble engagée dans un constant dialogue entre la terre et la mer, qui l'embrasse avec tendresse ou fureur, entre la terre et le ciel, qui peut passer du calme à la fureur, entre l'éclat accablant du soleil et l'ombre fraîche des vallées, entre la rugosité de la pierre et la paix virgilienne des hauts pâturages, et aussi entre ses rivages qui la bordent.

double page précédente

▲ **Îles Sanguinaires**
« Je plaindrai l'infortuné qui pourrait, au crépuscule, retenir ses cris d'admiration devant ces îles, lorsque violemment éclairées à contre-jour, elles dressent sur les flots sanglants leur noir et fier profil. »
(Pierre Bonardi, in « Napoléon Bonaparte, enfant d'Ajaccio »)

◄ **Île de la Giraglia au nord**

Îles Lavezzi au sud ►

LA CORSE EST SEMBLABLE À UN IMMENSE NAVIRE, qui se serait arrêté au large des côtes ligure et provençale comme s'il craignait de les aborder. Sa proue, la pointe du cap corse, est précédée par la petite île de la Giraglia, exposée aux vents soufflant du Septentrion, le mistral du nord-est et le libecciu du nord-ouest. Avec sa tour, elle semble encore faire le guet, ce qui était sa fonction autrefois, car cette péninsule étroite et oblongue, en forme d'index pointé, a toujours été exposée aux invasions.

À L'EXTRÊME SUD, EN POINTE COMME AU NORD, CE SONT LES ÎLES LAVEZZI qui prolongent en quelque sorte la poupe du navire, le cap Pertusatu. Vestiges granitiques vraisemblablement d'un isthme liant la Corse à la Sardaigne, elles sont situées presque au milieu des bouches de Bonifacio qui séparent les deux îles. Elles sont beaucoup moins exposées aux fureurs des vents qu'à celles de la mer, dont les tempêtes sont particulièrement violentes dans ce détroit dont la largeur ne dépasse pas douze kilomètres.

◄ Calanques de Piana
à l'ouest

Golfe de Porto-Vecchio
à l'est (Porto-Vecchjiu) ►

LE CONTRASTE EST MARQUÉ ENTRE LES CÔTES OCCIDENTALES ET ORIENTALES DE L'ÎLE. À l'ouest, le rivage est très découpé, parfois inabordable avec des murailles de granit comme celles de Piana, qui surplombent de leurs parois déchiquetées en criques – *calanche* en corse – la rive sud du golfe de Porto d'une hauteur pouvant atteindre trois cent mètres. Une érosion imaginative y a créé des formes fantastiques en modelant, brisant, ciselant et taillant une roche au coloris de pourpre rehaussé par le vert d'une riche parure végétale et le bleu profond de la mer. Gustave Flaubert y a vu des couronnes de diamants et des étoiles scintillant au soleil, et Maupassant a été surtout fasciné par l'étrangeté de cette assemblée pétrifiée d'hommes, d'animaux et d'arbres.
Par contre, à l'est, la forteresse est moins grandiose. Elle s'abaisse sur une ligne de côtes basses plus faciles d'accès, avec dans la partie septentrionale plusieurs grands étangs, Biguglia, Diana, Urbinu, Palu, et la vaste plaine d'Aléria. Au sud se succèdent plusieurs ouvertures telles que le golfe de Porto-Vecchio (Purti Vecchjiu), dont les ramifications, en petites baies et en presqu'îles dotées de plages plantées de pinèdes, en ont fait un paradis touristique. Des salines, à l'embouchure de la rivière Stabiaccu, ont valu à la ville le surnom de cité du sel.

◄ Crique entre l'anse de Pinzuta et celle de Peraiola, sur la côte du désert des Agriates.

anse de Peraiola

LA CORSE EST UNE ÎLE RICHE DE CONTRASTES ET SES HABITANTS DE PARADOXES. Leurs rapports sont aussi complexes avec la mer qu'avec le continent, qui peut leur paraître aussi attirant qu'hostile.

La mer, qui embrasse l'île, a longtemps suscité de l'appréhension, voire de la répulsion, à cause non seulement de ses colères brusques, mais aussi de tout ce qu'elle recèle d'inconnu et de la mémoire du danger qu'elle a si longtemps représenté. N'était-ce pas à son horizon qu'on voyait surgir autrefois les navires des envahisseurs, des Carthaginois et des Étrusques aux Pisans, des Aragonais aux Génois ? Durant plusieurs siècles, c'était d'elle qu'avaient jailli les pirates barbaresques, ce « fléau de Dieu ». Plus proches de nous, certains se souviennent encore qu'au cours des dernières guerres, les deux mondiales et celles de la décolonisation, elle a pris de funèbres couleurs lorsqu'en revenaient les cercueils des combattants.

Elle est pourtant belle et fascinante cette Méditerranée, avec le miroitement de ses couleurs changeantes, sa profondeur, son mystère. Aujourd'hui, elle ne fait plus peur. Ses rives, autrefois malsaines à cause de la malaria, ont pris une singulière valeur depuis que le goût des plages de sable blanc et la quiétude de ses criques discrètes en ont fait un paradis touristique. Elle est surtout une porte ouverte sur le monde extérieur pour ceux des Corses qui éprouvent le besoin de briser le confinement insulaire ou d'échapper au poids des contraintes communautaires, pour ceux que fascine l'ailleurs et l'attrait de l'aventure, ou qui cherchent simplement dans l'émigration un meilleur moyen de subsistance que sur cette terre aimée mais dont la montagne et le maquis, ses deux composantes emblématiques, nourrissent difficilement ses enfants.

◄ Monte Cinto (Cintu)

monte Cinto

AU MILIEU DE LA MER, L'ÎLE SE DRESSE DANS UNE ORGUEILLEUSE VERTICALITÉ. La montagne, monument de pierre, est surtout la source d'une identité historique, mythique et passionnelle. Sanctuaire du peuple corse, elle a toujours été son refuge, son bastion, et une réserve nourricière où il a développé une économie agro-pastorale.

Au-dessus de mille mètres, elle occupe près de 20 % de la superficie totale de l'île et compte près de cent vingt sommets de plus de deux mille mètres, pics acérés ou donjons massifs, en ligne ou en désordre, dénudés ou couronnés de forêts, semblables aux débris d'une forteresse géante que se seraient disputée Dieu et le diable.

Le géographe distingue deux ensembles, disposés de part et d'autre d'une diagonale tracée d'Île-Rousse, sur la côte occidentale, à Solenzara, sur la côte orientale. L'un, au nord-est de ce sillon, est constitué de trois massifs schisteux qui s'élèvent au-dessus de mille mètres du cap corse au Fiumorbu.

Le second groupe, au sud-ouest du sillon, est de nature granitique, avec une lave volcanique de texture porphyrique qu'on appelle rhyolite. Il se compose d'une succession de massifs indépendants dépassant les deux mille mètres, du nord au sud, le monte Padru, 2 393 mètres, le monte Cintu, 2 710 mètres, point culminant de l'île, le Paglia Orba, 2 523 mètres, le monte Rotundu, 2 625 mètres.

Cette dualité physique a reçu une sorte de confirmation de l'histoire qui a distingué l'En-deça des Monts ou Cismonte, au nord, auquel l'instauration d'un régime communal au milieu du XIVe siècle a valu le nom de *Terra di Cumune*, « Terre du Commun », et l'Au-delà des Monts ou Pumonte, au sud, que la persistance de la féodalité a fait dénommer *Terra di Signori*, « Terre des Seigneurs ».

◄ Maquis, cernant la tour de Capriona.

tour de Capriona

À LA PUNTA DI PORTU POLLU, LA TOUR DE CAPRIONA SURVEILLE LA RIVE NORD DU GOLFE DU VALINCU. Elle est cernée par le maquis, cet autre symbole majeur de la Corse. On appelle ainsi une végétation composite de broussailles, d'épines, de ronces et d'arbustes : chênes verts, arbousiers, bruyères, oliviers sauvages, lentisques et myrtes, qui couvrent les collines, celles du littoral et à l'intérieur des terres jusqu'à cinq cents mètres d'altitude.

Le sens du mot *A Macchia*, « tache sur un terrain de culture », est significatif. S'il a l'avantage de fixer un sol exposé aux dégradations dues aux conditions climatiques, il gagne très vite du terrain en réduisant la surface des terres cultivables, et devenant inextricable, il est propice aux incendies. Appelé autrefois « le palais vert », parce qu'il était le refuge des bandits d'honneur exécuteurs de vendetta, ou des bandits tout court, il est devenu synonyme de rébellion contre l'injustice et plus généralement depuis la Seconde Guerre mondiale de résistance de tout peuple à l'occupation étrangère. Paré de cette noblesse, le maquis reste néanmoins caractéristique de la terre de Corse, que le jeune Bonaparte avouait reconnaître les yeux fermés en humant les senteurs de thym et de myrte.

double page suivante
Plage du Loto (Lotu) ▼

Pâturage du lac
de Nino (Ninu) ►

double page suivante
Anse de Santa Maria
della Chjappella ▼

lac de Nino

LA MAIN DU DÉMIURGE QUI A SCULPTÉ L'ÎLE A SU DONNER À SON ŒUVRE UNE GRANDE DIVERSITÉ par l'association de la création géologique et du travail de l'érosion sur des minéraux d'une remarquable variété. On peut évidemment l'apprécier dans un parcours au sol, mais la vision offerte par le survol révèle d'étonnantes correspondances entre ses formes tourmentées, qui participent d'un constant jeu de signes et d'échos entre la terre et la mer, entre la terre et le ciel, ou comme en cette page, entre la sérénité de la rade de Santa Maria della Chjappella à la pointe du cap corse, et la paix virgilienne d'un haut pâturage tel que celui des bords du lac Ninu, que l'on découvre au fond d'une cuvette creusée entre deux pics, la Punta Artica, 2 329 mètres, et le monte Tozzu, 2 099 mètres. Une même inspiration semble avoir guidé le créateur calligraphe dans le dessin d'une ligne brisée sur le fond sableux d'un rivage et sur la tourbe herbeuse imbibée d'eau…

On peut imaginer que l'un et l'autre de ces lieux, si loin de l'agitation du monde, ont inspiré Pindare, le poète grec du Ve siècle av. J.-C., auteur des *Olympiques*, lorsqu'il a décrit cet autre Eden, « l'île des Bienheureux rafraîchie par les brises océanes », où ceux qui ont eu l'énergie de garder leur âme pure de tout mal ont pu suivre la route de Zeus jusqu'au château de Cronos, là où leur est accordée le privilège de jouir des fleurs d'or accrochées aux rameaux d'arbres merveilleux.

Lac de Nino (Ninu) ►

double page suivante

Rive du lac de Nino (Ninu) ▼

lac de Nino

LES LACS D'ALTITUDE SONT NOMBREUX EN CORSE. Vestiges des mers de glace de l'ère du quaternaire qui ont creusé les cirques, surtout dans les massifs de roches cristallines, ils en sont les joyaux magiques nimbés d'un mystère qui exalte les imaginations et inspire des contes fantastiques.

Le lac de Ninu, où le Tavignanu, l'un des trois principaux cours d'eau de l'île, prend sa source, n'échappe pas à la règle. Situé à une altitude de 1 750 mètres, vaste, il couvre sept hectares et sa profondeur est d'une douzaine de mètres. Il est cerné par des pozzine, pelouses tourbeuses creusées de mares et riches de mousses et de plantes diverses où viennent paître les troupeaux, nombreux en cette région du Niolu vouée à l'élevage, à la fois farouche et bucolique, et qui était autrefois l'une des plus fermées de l'île.

Selon une légende, le lac a été le théâtre d'un combat entre saint Martin, très vénéré en Corse, et le diable. Ce dernier, qui avait installé une forge sur les rives, n'admit pas que le saint homme vînt faire paître ses moutons dans les pozzine. Il le lui interdit et de colère jeta son marteau qui fit un trou dans la montagne, dès lors appelée Capu Tafunatu – Pic troué. Alors que saint Martin se retirait, Satan plongea dans le lac, sans doute afin d'y retrouver les enfers.

◄ Palombaggia

Pâturage de Mausoleo
(Mausoleu) ►

ICI, UNE AUTRE CORRESPONDANCE RELIE CETTE FOIS L'INTÉRIEUR DE LA BALAGNE À LA CÔTE ORIENTALE.
La plage de Palombaggia, l'une des plus belles et des plus fréquentées de l'île, déploie au sud de Porto-Vecchio ses dunes de sable blanc plantées de pins parasols dans un écrin de roches rougeoyantes. Les bateaux de plaisance viennent y mouiller, protégés des remous du large par l'écran de l'archipel des Cerbicale, tandis que de l'autre côté de l'île, en Balagne, près du village de Mausoleu, quelques animaux goûtent dans une atmosphère bucolique à l'herbe d'une prairie.

Canta canta la mio Piova	Chante, chante, mon ruisselet
Gira lu mio mulinellu	Tourne mon petit moulin
Chi la vita si rinnova	Car la vie se renouvelle
Da lu mare a lu guadellu	De la mer au ruisseau
E ritrova cun tanta gioia	Et rejoint avec tant de joie
I mio sogni di zitellu !	Mes rêves d'enfant !

(Bonaventura Mariani : « Puesie montagnole »
trad. Pierre Lusinchi.)

◄ Cap du Falu (capu Falu)

Cap Omigna
(Punta di Omigna) ►

NULLE RÉSONANCE ENTRE DEUX LIEUX NE SAURAIT AUSSI BIEN ILLUSTRER LE CARACTÈRE DE LA CORSE que cette opposition entre le pic du Falu et le cap Omigna, entre la puissance dépouillée de la montagne et la nécessité de se protéger des menaces éventuelles de la mer.

À une altitude de 2 540 mètres, le Capu Falu est un féal du Cintu, qui le dépasse d'un peu moins de deux cents mètres. Il enserre de ses bras le petit lac du Cintu reflète le ciel au milieu d'éboulis de pierres. Impressionnant dans sa nudité grisâtre et rocailleuse, comment ne pas y voir un symbole de la fierté dans le dénuement qui caractérise l'histoire de la Corse et le tempérament de ses fils et de ses filles ?

Un peu plus au sud, sur la côte occidentale, lui répond l'étroite langue de terre du cap Omigna, surmontée de sa tour, qu'embrassent les eaux marines riches de multiples nuances, comme pour rappeler qu'il convient de défendre le peu qu'on possède contre la menace latente que la mer représente.

◄ Lac bellebone
(lavu Bellebone)

Îles Lavezzi ►

LE CORSE A TOUJOURS ÉTÉ HANTÉ PAR DIEU ET LE DIABLE. On comprend qu'il le soit au milieu de cette nature contrastée qui lui offre si généreusement l'éclat du soleil et l'ombre des vallées, le clair et l'obscur.
Niché dans une sorte d'entonnoir creusé dans la roche grise, au pied du monte Rotondo (Rotundu), qui culmine à 2626 mètres, le *lavu* – ou lac – Bellebone, avec sa couleur verdâtre, ne serait-il pas l'une des portes du palais de Satan, que les légendes font habiter dans les obscures profondeurs des lacs ?
Mais la Corse est une terre de contrastes, aussi riche de sites plus proches du paradis que des demeures infernales. En témoigne cette plage des îles Lavezzi avec son rocher, aussi plat que la surface du lavu Bellebone, mais véritable miroir du soleil avec sa blancheur rassurante.

◄ Crique dans le golfe de Murtoli

Trou de la Bombe ►

double page suivante
Montagne enneigée dans la *Castagniccia* ▼

ON PEUT IMAGINER QUE LE DIABLE, ENCORE LUI, a transpercé le granit rouge de la Punta Velaca, qui culmine à 1 482 mètres au sud des fameuses aiguilles de Bavella.
Mais ne serait-ce pas Dieu qui, dans sa bienveillance, a riposté en dessinant, entre autres gracieusetés, des golfes aussi divins que celui de Murtoli, avec ses petites criques nichées au creux des rochers, où se mêlent les senteurs marines et le parfum du maquis ?

◄ Trois lacs - Melo (Melu), Capitello (Capitellu), et Goria avec le mont Punta e Porte

Îles Finocchiarola ►

LES TROIS LACS, MELU, CAPITELLU ET GORIA, S'ÉTAGENT AU CREUX DU MASSIF DU ROTONDO. Ils illustrent ici la légende selon laquelle les lacs aux airs de joyaux seraient nés des diamants que des fées auraient dispersées dans les montagnes.

Le Melu est le plus connu et le plus fréquenté par les randonneurs. À une altitude de 1710 mètres, entouré de tourbe et d'aulnes, il couvre une superficie de six hectares et sa profondeur peut atteindre une vingtaine de mètres. La rivière Restonica y prend sa source, et l'eau de cette rivière a une telle réputation de pureté qu'autrefois on y trempait les fusils pour en ôter la rouille. On disait même qu'elle était « plus légère que l'éther, plus délectable que le vin, et si vivifiante qu'elle argentait le métal ».

Le Capitellu, à 1930 mètres d'altitude, est très profond, jusqu'à 42 mètres en certains endroits, et se blottit sous la muraille abrupte du Capu a i Sorbi, qui culmine à 2267 mètres.

Quant au Goria, niché plus haut, à 1850 mètres, il est dominé par le Capu a u Chiostru, 2295 mètres.

Par une autre de ces correspondances dont la nature en Corse est prodigue, un trio insulaire leur fait écho, celui des îles Finocchiarola qui émerge tel un pendentif accroché au nord du cap.

◄ Capu di Roccapina

Uomo di Cagna ►

DANS LE MONDE PASTORAL, LORS DES ÉTAPES DE TRANSHUMANCE OU DES FÊTES, avaient lieu des *chjam'e rispondi*, sortes de joutes poétiques improvisées, dont la pratique survit aujourd'hui, quoique de plus en plus restreinte en raison de la perte de la langue et du nombre insuffisant de locuteurs. N'est-ce pas à un tel duel que semblent se livrer deux rochers monumentaux, l'un que son apparence de tête humaine a fait surnommer l'Uomo di Cagna, l'homme de Cagna, l'autre qu'on appelle le Lion de Roccapina en raison de sa ressemblance avec le roi des animaux. À en croire un dicton, ce dernier dirait au premier : *Tu mi guardi di a marina, mi ti guardi di a muntagna !*, « tu me regardes de la mer, je te regarde de la montagne ». Faut-il y voir l'expression d'une méfiance ou celle d'une complicité ?

◄ Cirque de la Spelunca

Monte Renoso (Rinosu) ►

DE LA MONTAGNE GARDÉE PAR LE LION DE ROCCAPINA, on ne saurait saisir le mystère sans avoir entrepris une montée pas à pas de la plaine, à travers le dédale des vallées et des sentiers, entre les murailles de granit et sous le couvert des somptueuses forêts de châtaigniers, de chênes ou de pins laricio. Alors, des hauteurs, et mieux encore des plus hauts sommets tels que celui du Rinosu, le regard peut embrasser un somptueux panorama de monts érigés avec arrogance et creusés de gorges ou de cirques comme celui de la Spelunca – l'Antre – taillé par le ciseau sauvage du démiurge entre le golfe de Porto et le Niolu dans une masse monumentale de pierres rougeâtres.

Il faut être alors sourd pour ne pas y percevoir le grondement de la terre de Corse ainsi entrouverte et la voix du destin qui s'y répercute en échos jusqu'aux collines verdoyantes tapissées de vignes ou de maquis qui descendent vers les rivages caressés par la mer. Sans doute faut-il être sage ou modeste pour ne pas céder à l'envie de s'adresser à Dieu et de défier le diable ?

◄ Monte Incudine (Alcutina) ou l'adresse à Dieu

monte Incudine

L'INCUDINE PROTÈGE DE TOUTE SA HAUTEUR DE 2 134 MÈTRES LE VILLAGE de Zicavu et la haute vallée du Taravu. On disait que la région était hantée par des revenants. Envoyés par le diable, ils fendaient le crâne des voyageurs égarés dans la forêt de Coscione ou les sentiers de bergers. Autrefois, les femmes des hameaux ne s'endormaient jamais sans tenir une serpe, afin de pouvoir se défendre et protéger leurs enfants contre les vampires, des *streghe*, les sorcières qui venaient la nuit sucer leur sang.

Mais selon un dicton, *A'chi ùn teme à Diu un'teme a nisunu*, « Qui ne craint Dieu ne craint personne ». Aussi convient-il de s'adresser directement à lui pour demander aide et protection, de préférence aussi près que possible de sa demeure céleste, comme au sommet de l'Incudine, à 2 134 mètres d'altitude, puisque l'*Alcutina chjama é imbita, d'i l'altessa u cé l'u paru* – « l'Incudine appelle et invite, sa hauteur n'est comparable à aucune ».

◂ Cala d'Agulia

La Corse n'a cessé de voir des conquérants débarquer sur ses rives. Après les Grecs et les centuries romaines, il y eut les Vandales en 458, puis les Hérules, les Lombards et les Goths, puis au VIe siècle la mainmise de Byzance. Au VIIIe siècle, la papauté obtint de Pépin le Bref l'autorité temporelle sur la Corse. Un autre fléau fit son apparition, les Maures. Leurs agressions étaient parfois suivies d'implantations sur la côte et à l'intérieur des vallées. Ils confiaient l'administration des lieux occupés à des « Rûms », gens d'origine italienne et de culture chrétienne, qualifiés de renégats. Malgré une expédition lancée en 806 par le fils de Charlemagne, les attaques reprirent. En 825, l'empereur Lothaire envoya en Corse le comte Boniface, de Lucques, qui fonda Bonifacio mais échoua à libérer le reste de l'île. Massacres et malaria vidèrent le littoral de ses habitants. La défaite

Fracas et tumultes

infligée en 1014 à l'émir al Mudjâhid par les cités italiennes mit fin aux raids. Le pape confia alors l'administration de l'île aux Pisans. De nombreuses églises romanes furent construites et l'île fut divisée en soixante-six *pieve,* des circonscriptions correspondant approximativement aux cantons modernes. La victoire navale de la Meloria remportée par la flotte de la République de Gênes sur celle de Pise le 6 août 1284 y mit un terme. La domination génoise allait durer jusqu'à la conquête française au XVIIIe siècle. Elle fut très lourde à travers l'administration de l'île par l'Office de Saint-Georges, entreprise privée qui gérait les recettes de la République. Elle fut marquée par une longue suite de violences et d'oppression. Les Corses conjuguèrent résistance et révolte dans lesquelles s'illustrèrent de fortes personnalités : Sampiero Corso, au XVIe siècle, et Pasquale Paoli, qui gouverna l'île durant la seule période où elle fut vraiment indépendante, de 1755 à 1768.

◄ Plage proche de Porto (Portu)

PORTO FUT UN DES LIEUX QUI CONNUT UNE CALAMITÉ CONSÉCUTIVE À LA CHUTE DE CONSTANTINOPLE aux mains des Musulmans en 1453 : les incursions de pirates barbaresques accompagnées de massacres et de rapts. Elle dura jusqu'au XVIIe siècle. Selon Fernand Braudel, auraient été dénombrés en 1568 à Alger six mille Corses sur dix mille captifs ou renégats, sans compter nombre d'autres détenus à Tunis et dans les autres ports du Maghreb septentrional. Les seigneurs et les communes insulaires finirent par avoir raison des occupants maures.

La nécessité vitale de se défendre et l'attachement viscéral à la liberté, fondements de la cohésion et de l'identité du peuple corse, n'ont pourtant pas empêché les conflits internes et les luttes pour le pouvoir de se multiplier.

Au fracas des vagues se sont longtemps mêlés les échos des défis et des imprécations des seigneurs ou des comtes, des *Giudici, Principali, Caporali* ou autres magistrats ou chefs de communautés villageoises. Partout où se tenaient les *Consulte*, assemblées du peuple des *pieve* et des villages, résonnaient les voix de ces petits mondes attachés à leurs particularités et souvent en conflit pour une question de pacage, de partage des eaux, ou de rivalités de personnes, mais capables de les oublier pour s'unir contre l'ennemi commun. Car, qu'il s'agisse des uns ou des autres, le verbe est toujours resté roi en Corse. Il acclame ou condamne, élit ou rejette, défie au combat ou prononce la paix, une paix si essentielle qu'elle est associée à la santé dans le vœu prononcé au Nouvel An : *Pace e Salute !*

îles Finocchiarola

Tour détruite de Finocchiarella ►

AU NORD DU CAP, SUR LA CÔTE ORIENTALE, LES VESTIGES DE CETTE TOUR GÉNOISE sur l'une des îles au fenouil, en corse *finocchio,* témoignent des violences perpétrées au cours des siècles. Au XVIe siècle, et au début du siècle suivant, lorsque l'île était administrée par l'Office de Saint-Georges, des citadelles furent construites ou reconstruites à Saint-Florent, Porto-Vecchio, Calvi, Ajaccio, ainsi que des tours de guet pour surveiller les mille kilomètres de côtes exposées aux incursions barbaresques.

Hautes en général de douze à dix-sept mètres, avec un diamètre de huit à dix mètres, elles étaient coiffées d'une terrasse parfois crénelée et comprenaient un sous-sol et un étage. Cinq à six hommes, des *torregiani,* nommés par les communes ou les gouverneurs génois, y étaient chargés de faire le guet et de donner éventuellement l'alerte en allumant de grands feux, ou en sonnant du *culumbu,* une conque marine.

L'efficacité des tours a été discutée. Elles étaient trop éloignées les unes des autres pour pouvoir se défendre et les conflits de voisinage rendaient parfois difficiles le recrutement des *torregiani* et la fourniture d'armes ou de ravitaillement. Elles ont été peu à peu abandonnées, désertées, ou détruites par les guerres. Leur nombre était tombé à une vingtaine au milieu du XVIIIe siècle. Témoins emblématiques de l'histoire, les tours sont protégées depuis 1942 au titre de loi du 2 mars 1930 sur les sites. Des seigneurs corses ont également fait bâtir des tours carrées à proximité des villages, notamment sur le cap, à Morsiglia et Pinu, dans le golfe de Porto, à Arbellara, et plus au sud à Fozzanu, la tour de Colomba.

◄ Côte orientale du cap, le village et la tour Porticciolu

Tour dell'Osso ►

LE CAP CORSE SE DISTINGUE PAR SA GÉOGRAPHIE, SON HISTOIRE et les caractères de sa population. Étrange presqu'île, elle est une sorte d'arête montagneuse d'une largeur moyenne de douze à quinze kilomètres seulement, morcelée en petites communes. Cernée par la mer, elle a été aussi naturellement portée aux échanges avec le reste du monde méditerranéen qu'exposée aux agressions. Les *Capicorsi* se sont donc orientés vers les activités maritimes, pêche et commerce, surtout avec la péninsule italienne. Ils étaient réputés habiles constructeurs de navires. Jacques de Negroni, d'une grande famille de la région, participa à la bataille navale de Lépante, en 1571, avec quatre felouques construites à Santa Severa, petit port du cap. Grands viticulteurs, ils ont longtemps vendu leur vin en Toscane et dans le Latium. Ils ont également été attirés par l'émigration, qui s'est d'abord dirigée naturellement vers le continent, puis, à la fin du XVIIe siècle, vers les Amériques, notamment au Venezuela et à Porto Rico.
Une autre particularité historique du cap a été la persistance de la féodalité, une exception en cette partie septentrionale de l'île, « l'En-Deçà des Monts », devenue Terre de Commune après le mouvement communal déclenché en 1358 par Sambucucciu d'Alandu. Deux grandes familles, les Gentile et les da Mare, s'y sont longtemps partagé le pouvoir.

LA TOUR DELL'OSSO A ÉTÉ BÂTIE SUR LA CÔTE ORIENTALE DU CAP PAR LES GENTILE de Pietracorbara. On l'appelait tour de l'Aigle, avant que l'abbé Galletti, auteur de *l'Histoire illustrée de la Corse* publiée en 1863 lui donnât ce nom de *Torre dell'Osso*, parce qu'on avait trouvé dans ses fondations de nombreux ossements humains, témoignage des temps de malheur et de violence.
La population de Pietracorbara a toujours manifesté une intense ferveur. Pendant les nuits de la semaine sainte se célébrait traditionnellement la messe des ténèbres. Afin d'évoquer l'orage et le tonnerre qui ont accompagné la mort du Christ, les fidèles frappaient sur les bancs, les chaises et les autels de l'église. Le vendredi saint se déroulait une procession de pénitents en cagoule, un porteur de croix en tête. Elle parcourait le village et les hameaux de la commune en chantant des cantiques et en s'arrêtant à toutes les chapelles. Du vin et des beignets étaient distribués aux fidèles qui cueillaient du romarin pour évoquer l'embaumement du Christ avec des aromates. Puis une danse appelée *caragola* était exécutée avant le dépôt de la croix dans l'église, au pied de l'autel.

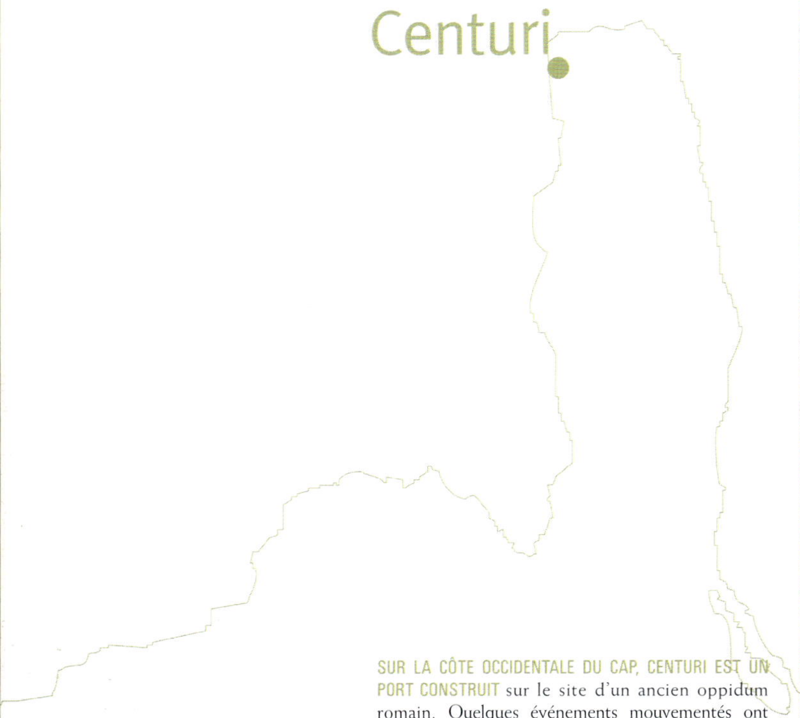

SUR LA CÔTE OCCIDENTALE DU CAP, CENTURI EST UN PORT CONSTRUIT sur le site d'un ancien oppidum romain. Quelques événements mouvementés ont marqué son histoire. Ainsi, le 4 mai 1560, des Barbaresques conduits par Mammi Corso, un renégat originaire du village de Pinu, débarquèrent d'une douzaine de galères, attaquèrent le hameau tout proche d'Ortinola, en incendièrent les habitations et capturèrent une quarantaine de personnes.

Parmi les émigrants lancés à la conquête de l'Amérique, un homme s'est distingué, Matteu Cipriani. Issu d'une vieille famille florentine installée à Centuri depuis le XVe siècle, ce colosse surnommé « l'homme de fer » est parti aux Antilles et en Amérique du Sud à la fin du XVIIIe siècle avec ses trois frères. Son fils, le général comte Leonettu Cipriani, a fait construire le château de Bellavista. Engagé dans l'expédition française d'Algérie, Leonettu s'est épris d'une odalisque d'origine génoise qu'il a emmenée en Italie, déguisée en jeune homme. Mais le vieux Matteu exigea de son fils qu'il la renvoyât. La belle se suicida en se noyant dans la mer.

◄ Rogliano (Roglianu)

Macinaggiu ►

SUR LE SITE DE ROGLIANU SE SONT SUCCÉDÉ, depuis le milieu du VIe siècle av. J.-C. des Grecs, des Étrusques, des Carthaginois, des Romains. Ces derniers y ont installé un oppidum et un port. Le village s'est construit au milieu du maquis, mais sur les terrasses qui l'entourent, le vignoble tient une place de choix. Le vin que produit la commune est célèbre, et son muscat un véritable nectar des dieux.

Après les Byzantins et les Pisans, les Génois ont administré Roglianu, jusqu'à ce que la Sérénissime République transférât en 1768 ses droits à la France. La famille da Mare y établit sa résidence principale. Ansaldo da Mare construisit au XIIe siècle le château de San Columbanu, qui fut détruit en 1554 par les Génois pour punir Giacomo da Mare de s'être joint à la révolte de Sampiero Corso. Les ruines en sont appelés *U Castellucciu*, qui signifie « château » dans une acception péjorative.

Non loin de San Columbanu s'élève une tour carrée que la fille de Giacomo, Barbara, confia à l'un de ces Génois tyranniques dont on disait qu'ils faisaient pleurer la moitié de la Corse. Celui-ci fut d'ailleurs tué à l'intérieur même de la tour.

ROGLIANU A UNE MARINE SUR LA RIVE ORIENTALE, MACINAGGIU. De ce port est partie, en 1767, l'expédition ordonnée par Pasquale Paoli et commandée par Achille Murati pour s'emparer de l'île génoise de Capraja. C'est là que débarqua, le 13 juillet 1790, Paoli lui-même, après vingt ans d'exil en Angleterre. Le 10 mai 1793, Bonaparte y mit pied à terre, et le 2 décembre 1869, l'impératrice Eugénie y fit escale, au retour d'un voyage en Orient.

Nonza ▶

Nonza

SUR LA CÔTE OCCIDENTALE DU CAP, LE VILLAGE DE NONZA, PROTÉGÉ PAR UNE TOUR, est bâti sur un promontoire rocailleux qui surplombe une longue plage de galets gris.

On y remarque la fontaine de Sainte-Julie, également appelée Fontaine des Mamelles en raison de la légende de cette esclave chrétienne crucifiée en 1303 sous l'empereur Dioclétien. Julie était la jeune esclave, d'une éblouissante beauté, d'un négociant carthaginois de passage dans la région. Le gouverneur romain en tomba amoureux et proposa de l'échanger contre quatre de ses propres esclaves. Comme le Carthaginois refusa, il l'invita, l'enivra et en profita pour s'emparer de Julie. Mais celle-ci était chrétienne. Démasquée, elle fut suppliciée. On lui coupa les seins qui furent jetés sur un rocher. Il en jaillit deux fontaines aux eaux réputées miraculeuses. Plus tard, on construisit sur le lieu du martyre un sanctuaire où des pèlerins malades venaient chercher la guérison. Il fut détruit en 734 par les Sarrasins.

Au Moyen Âge, Nonza était une place forte du fief de la puissante famille des Gentile, dont l'autorité s'étendait jusqu'à Brando. Des luttes violentes opposèrent ses membres, et des soulèvements se produisirent contre le pouvoir de Gênes.

Quant à la tour de Nonza, elle a été construite tardivement, en 1768, sous le gouvernement de Pasquale Paoli, sur l'emplacement d'un château rasé en 1490 par les Génois. La résistance héroïque de Jacques Casella aux troupes françaises la rendit célèbre. Resté seul, ce partisan du général de la nation corse avait placé des armes à tous les créneaux pour faire croire au nombre. Blessé, il finit par capituler, mais le général français Marbeuf lui rendit les honneurs et le fit conduire au quartier général de Paoli.

◄ Erbalunga

Erbalunga.

ERBALUNGA, DANS LA COMMUNE DE BRANDU, EST UN PETIT PORT BIEN ABRITÉ de la côte orientale du cap, où tous les villages bâtis en retrait de la côte disposent d'une marine. Ici, les habitants ont les pieds dans l'eau, et leurs maisons y baignent.

L'histoire a retenu le souvenir d'un épisode de la lutte qui a opposé en 1480 le seigneur des lieux, Vinciguerra Gentile, au seigneur de Brando, Giacomo Gentile. Convaincu que la tour protectrice était imprenable, Vinciguerra s'y était retranché, mais son adversaire réussit à l'en déloger en le privant d'eau. Plus tard, le Génois Tommasino de Campofregoso parvint lui aussi à prendre la tour en capturant les trois fils de Vinciguerra, dont il se fit un bouclier humain pour donner l'assaut.

Comme à Pietracorbara, la foi a toujours été très vive à Erbalunga. Une confrérie célèbre le culte dans l'église consacrée à saint Erasme, patron des marins. Le vendredi saint, on chante dans l'obscurité une « leçon des ténèbres », au cours de laquelle on éteint une à une quinze bougies placées sur l'autel. Puis les enfants déclenchent un assourdissant tintamarre à coups de crécelles et de branches de palmiers frappées sur le sol. En chaque village de la commune de Brandu, la confrérie organise une procession appelée *a Cerca* – de *Circà*, chercher, qui sillonne les sentiers, s'arrêtant pour prier devant les reposoirs et les chapelles, et qui s'achève en certains villages sur sorte de danse traditionnelle en spirale, *la granitola*.

◄ Bastia

Bastia ►

LE NOM DE BASTIA A SON ORIGINE DANS LE TERME *BASTIGLIA*, QUI SIGNIFIE BASTILLE. La ville a été fondée par les Génois à la fin du XIVe siècle, en 1380, sur le site de la marine d'un village de l'arrière-pays, Cardo. Le premier port s'appelait donc Porto-Cardo. Le quartier le plus ancien est dénommé Terra-Vecchia, et celui de la citadelle, où les Génois ont choisi de s'établir, Terra-Nova. Bastia fut choisie par le gouverneur de Gênes et les évêques du Nebbiu et d'Aléria pour y installer leurs résidences. Elle faisait ainsi figure de capitale de la Corse, un statut qu'elle a conservé sous la monarchie française. Devenue siège et symbole du pouvoir génois dans l'île, elle a été la cible, au XVIIIe siècle, des Corses en révolte contre la République.

L'esprit d'initiative et le tempérament laborieux des Bastiais ont valu à leur cité une prospérité tirée de ses échanges avec l'Italie, longtemps appelée « Terre-Ferme ». Livourne comptait ainsi aux XVIIe et XVIIIe siècles plusieurs comptoirs tenus par des marchands bastiais. Comme dans toute la Corse, et plus profondément encore, l'influence italienne a été très forte dans le domaine de la culture, de l'art et de la littérature. Les fils de notables et de négociants allaient en effet faire leurs études à Pise, dont l'université était renommée, ainsi qu'à Rome. En 1659 fut fondée l'*Accademia dei Vagabondi*, l'académie des Vagabonds, cercle littéraire où se réunissaient les beaux esprits. Nombreux furent les écrivains de langue italienne, parmi lesquels s'est distingué Salvatore Viale (1787-1861), prosateur et poète, défenseur de la *lingua nustrale*, « la langue de chez nous ». Aujourd'hui, Bastia, considérée comme la rivale d'Ajaccio, est restée la capitale économique de l'île.

La Castagniccia ►

la Castagniccia

LA *CASTAGNICCIA*, LA CHÂTAIGNERAIE, OCCUPE LE TERRITOIRE DE TROIS ANCIENNES *PIEVE*, Alesani, Orezza, et Ampugnani. Elle est devenue le royaume de la forêt, où domine, comme son nom l'indique, le châtaigner, depuis que les Génois ont décidé en 1584 d'implanter en cette région de population dense des essences nobles, tel que cet arbre à la fois somptueux et nourricier. La châtaigne a en effet permis aux Corses de survivre à toutes les famines.

La *Castagniccia*, dont l'histoire est émaillée de révoltes populaires, peut se glorifier d'avoir été le berceau du grand homme de la Corse, Pasquale Paoli. Il y est né en 1725 au village de Morosaglia (Merusaglia), où reposent ses cendres.

La Corse, en pleine anarchie après l'assassinat par les Génois du général des Corses, Gaffori, qui avait dirigé la révolte contre Gênes et institué un gouvernement révolutionnaire à la Cunsulta d'Orezza de 1751 réclamait un chef. Ce fut Pasquale Paoli, qui fut élu, le 13 juillet 1755 à San Antonio della Casabianca, général de la nation. Il dirigea la lutte et proclama la Corse indépendante. Homme des Lumières, il tenta de développer l'économie du pays, réprima la pratique de la vendetta, rédigea et fit voter bien avant la Révolution française une Constitution républicaine qui lui valut une renommée européenne et inspira à Jean-Jacques Rousseau cette remarque : « J'ai quelque pressentiment qu'un jour cette petite île, seul pays d'Europe capable de législation, étonnera l'Europe. »

En 1768, après la cession de l'île par Gênes à la France, Paoli organisa la résistance aux forces françaises, mais ses milices furent vaincues à Ponte-Nuovo en 1769 et lui-même fut contraint de s'exiler.

◄ Deux villages de Balagne, Belgodère…

… et Lumio ►

LA BALAGNE, RICHE DE NOMBREUX VILLAGES, EST JUSTEMENT APPELÉE « LE JARDIN DE LA CORSE ». Ses plaines, *piaghje*, sont des pâturages pour les troupeaux des bergers du Niolu, et ses collines verdoyantes qui s'étagent jusqu'aux châtaigneraies du Ghjussani sont couvertes d'oliviers et de vignes. Si là aussi le vin d'Alzipratu ou de Calvi tient une place importante, l'huile de Balagne est si appréciée qu'on lui prête même les qualités d'une eau de jouvence. Selon le dicton *Acqua di Balagna chì leva ogni magagna*, « l'eau de Balagne qui élimine tous les maux ». Malheureusement, elle n'a pas été suffisante pour empêcher le feu de ravager les oliveraies.

Dans le Ghjunssani, le village de Belgodère – beau plaisir – est accroché au flanc du Monte Maggiore qui domine de son altitude de quatre cents mètres la vallée du Reginu et la plaine du Pratu. Il était dans le fief des Malaspina, une famille originaire de Pise qui exerçait son pouvoir sur la région. Avec ses forteresses, en particulier celle du col de San Columbanu, elle était en mesure de contrôler l'accès de la Balagne septentrionale. En 1269, Isnardo Malaspina s'appuya sur les Génois pour tenter de se rendre maître de toute l'île. En 1630, les villageois se soulevèrent contre la tyrannie du prieur Andrea Malaspina, qui fut capturé et tué. Mais cela n'empêcha pas la famille de garder tout son pouvoir.

PLUS À L'OUEST, DOMINANT LE GOLFE DE CALVI ET ENTOURÉ D'OLIVERAIES, Lumio peut humer l'air de la mer. Son ancienne église garde sous son dallage les ossements des malheureux atteints d'un mal incurable qu'on y enfermait afin d'en arrêter l'épidémie. Moins sinistre est l'histoire d'un trésor de souverain maure qu'un abbé, Ignace de Colonna Leca, aurait trouvé dans les environs. Le prêtre aurait ainsi pu faire construire une école, un bâtiment massif de forme cubique, appelé *u carrubu*, mais il mourut avant de pouvoir l'achever.

◄ Île-Rousse

double page suivante
Calvi ▼

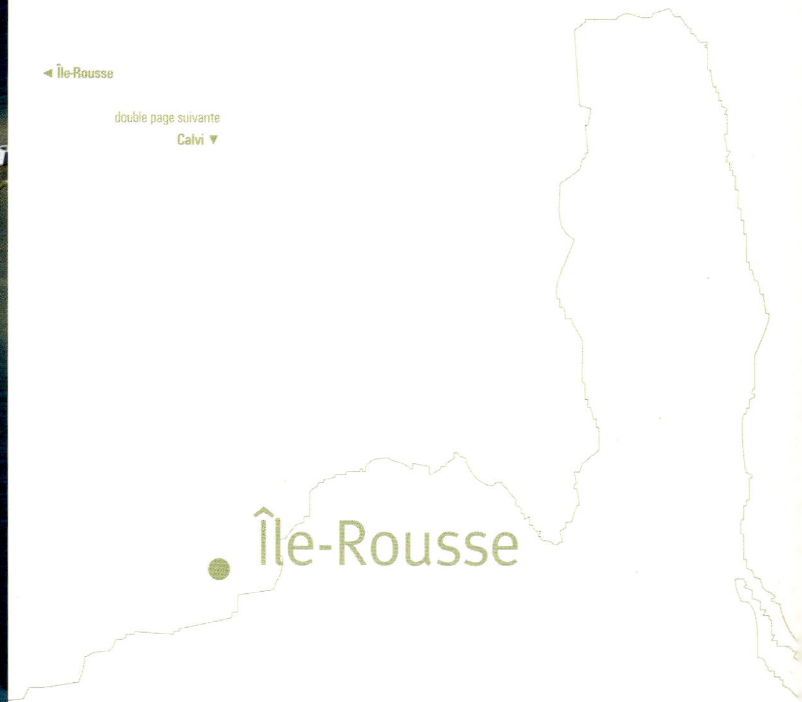

LE PORT D'ÎLE-ROUSSE EST NÉ DE LA LUTTE MENÉE PAR PASQUALE PAOLI CONTRE GÊNES. En 1758, le général de la nation le fonda sur le site d'un ancien comptoir romain, avec l'objectif de porter le combat sur mer et de perturber le trafic maritime et commercial entre Gênes et son préside de Calvi, mais aussi de punir la fidélité des Calvais à la Sérénissime République : *Ho piantato le forche per impiccar Calvi !* « J'ai planté la potence pour y pendre Calvi ! » s'est-il écrié. Le port devait d'ailleurs s'appeler Paolina, mais c'est le nom d'Île-Rousse qui devait lui rester, en référence à la couleur rouge du porphyre de l'île de la Pietra, située juste en face.

Calvi ►

Calvi

COMME BONIFACIO, CALVI ÉTAIT UN PRÉSIDE GÉNOIS, C'EST-À-DIRE UNE PLACE FORTE. Un château y a été construit, rebâti à plusieurs reprises, en 1490, puis en 1540 après la grande peste de 1529. La troisième version a été réalisée sur les plans de l'ingénieur Gieronimo da Levanto, dit le Levantino, et a servi de résidence au gouverneur génois.

Loyale envers la République ligure au cours d'un XVIe siècle très agité, la cité eut pour devise *Civitas Calvi semper fidelis,* inscrite sur une plaque de marbre, au-dessus du porche de la Citadelle. Le fracas des combats ne lui fut pas épargné. Ainsi, en 1555, les Turcs, alors alliés des Français contre Charles Quint et Gênes, vinrent en Corse soutenir l'expédition française commandée par le maréchal de Thermes. Ils firent le siège de Calvi. On plaça sur les remparts le Christ noir en croix de la cathédrale Saint Jean-Baptiste. Il devint le « Christ des Miracles » quand les Turcs finirent par se retirer. Mais un peu plus de dix ans plus tard, le 22 février 1566, il ne préservah86 pas la ville d'une catastrophe naturelle qui la détruisit en partie.

Calvi fut capitale de la Corse entre 1652 et 1659, mais connut une autre heure de gloire au moment de la Révolution française en résistant victorieusement à la flotte anglaise commandée par l'amiral Nelson.

◄ Girolata

Girolata

UNE TÊTE DE DRAGON DE PIERRE PIQUETÉ D'AGAVES POINTE AU FOND DU GOLFE DE GIROLATA. Ce sanctuaire de la beauté, agrémenté de nonchalants eucalyptus, plantés pour éloigner les moustiques porteurs de malaria, s'ouvre entre la pointe de Scandola au nord et le Capu Seninu au sud.

Si le regard est subjugué par le site, si harmonieux d'équilibre, le fortin carré qui le coiffe, construit en 1551-1552 et restauré en 1610, rappelle que les Barbaresques y ont fait des ravages et décimé les populations. Mais les villages de toute la région se sont également dépeuplés à la suite des révoltes contre les Génois conduites au XVe siècle par les seigneurs de la Cinarca, et des conflits implacables que ces derniers se sont livrées entre eux : « Les chefs de parti se déchiraient dans des luttes qui dépassaient en horreur les guerres civiles » écrivit le chroniqueur de l'époque Pietro Cirneo.

Le XVIe siècle ne fut pas moins agité. En 1540, le célèbre pirate turc Dragut, qui écumait les côtes, fut capturé à proximité du fortin de Girolata par un neveu du doge génois Andrea Doria et emmené à Gênes. Libéré sur rançon, il reprit les armes et finit mortellement blessé en 1565 devant Malte.

▼

PORTO EST L'UN DES FLEURONS DU PARC NATUREL DE LA CORSE. Exposé aux tempêtes, ses plages ont été récemment redessinées, mais il dispose d'une rade aussi étroite que protégée. La tour carrée, construite en 1552, prouve s'il en est besoin que Porto n'a pas été épargné par les ravages des écumeurs de mers.

◄ Ruines de Castel à Piana

AU MILIEU DE LA FORÊT FANTASTIQUE QUE SONT LES CALANQUES DE PIANA, on découvre les ruines de châteaux très anciens. L'un, sur une crête proche du col de Giunepru et dominant les roches Bleues, aurait été édifié par Rolandino, neveu d'Ugo Colonna, un personnage auréolé d'un mythe. Selon le chroniqueur Giovanni della Grossa (1388-1464), Ugo, seigneur de Rome, aurait vaincu à la fin du VIIIe siècle le roi maure Ugolone pour se faire pardonner sa rébellion contre le pape Léon III et conquis l'île de Corse, dont ce dernier lui octroya la possession.

Un peu plus loin, les vestiges du château de la Foce d'Ortu, qui commandait la vallée de Piazza, rappellent un épisode de la guerre des seigneurs de la Cinarca contre l'Office de Saint-Georges, l'organisme génois qui administrait l'île. Au XVe siècle, Giovan Paolo (Ghjuvan Paulu) de Leca (1450-1515), après avoir disputé le pouvoir à ses cousins et s'être d'abord allié à l'Office, devint le comte le plus puissant de l'île. Il rompit avec l'Office et fomenta une révolte, déclenchant en 1487 ce qu'on appelle la guerre des Cinarchesi, les seigneurs de la Cinarca.

En 1488, il mit à l'abri son épouse, les femmes de ses compagnons et son trésor dans cette forteresse de la Foce d'Ortu réputée imprenable. Les Génois n'en parvinrent pas moins à s'en emparer. S'ils épargnèrent les femmes, ils massacrèrent tous les défenseurs. Quant au trésor, longtemps recherché, on ne sait en quelles mains il tomba. On ne trouva jamais dans les ruines qu'un anneau d'or.

Quoi qu'il en fût, Giovan Paolo, bien que battu, continua le combat. Après de multiples péripéties, il fut plusieurs fois vaincu et contraint de quitter l'île. En 1501, il livra une dernière fois bataille avant de se retrouver seul, ayant perdu ses hommes, capturés ou en fuite. Sa mort en exil à Rome marque la fin de la puissance de la famille Leca.

Calanches de Piana ►

Corte

SI CORTI AVESSE UN PORTU, D'AIACCIU ET DI BASTIA FAREBBE UN ORTU. « Si Corte avait un port, il ferait d'Ajaccio et de Bastia un jardin ». Bâtie sur un site exceptionnel au centre de l'île, Corte est en quelque sorte la capitale spirituelle de la Corse. Le site a sans doute été occupé par les Romains. Selon le chroniqueur Giovanni della Grossa, la ville aurait été tenue au VIIIe siècle par le mythique roi maure Ugolone et conquise au IXe par Ugo Colonna, qui aurait bâti non loin de là, près de Venaco, un *palazzo*. Au lieu-dit Campu Sanguesaiu aurait eu lieu une sanglante bataille entre les Corses et les envahisseurs maures.

Gênes s'empara de Corte au XIIIe siècle, non sans grande difficulté. Elle y installa le chef-lieu de la Corse de l'intérieur. En 1419, le seigneur Vincentello d'Istria, vice-roi de Corse pour le compte du roi d'Aragon, édifia une forteresse au sommet d'un éperon rocheux qui surplombe les vallées du Tavignanu, de la Restonica et de l'Orta.

La ville se rallia à Sampiero Corso en 1553, avant d'être reconquise par les Génois qui y installèrent un podestat en 1570. Par sa position, Corte devint la capitale naturelle de l'île lors des révolutions du XVIIIe siècle. Elle fut prise par les Français entre 1734 et 1745 et reprise par les Génois au cours de luttes continuelles. Une femme s'y illustra en 1746 par un acte étonnant, Faustina, épouse d'un des chefs et héros corses de la guerre contre la Sérénissime, Giampiero Gaffori.

Alors que celui-ci, à la tête de ses troupes, s'apprêtait à lancer l'assaut contre la forteresse de Corte en pénétrant par une brèche, les Génois y exposèrent son fils qu'ils avaient pris en otage. Faustina surgit pour crier aux attaquants : « Tirez ! Tirez ! Dieu protège toujours l'innocence ! » Les Corses emportèrent le combat et l'enfant fut retrouvé indemne.

C'est à Corte que Pasquale Paoli installa le siège de son gouvernement lorsqu'il prit la direction de la Corse indépendante, de 1755 à 1768. Il fonda une imprimerie ainsi qu'une université, inaugurée le 23 janvier 1765, mais après la conquête française, le gouverneur Marbeuf en ordonna la fermeture en 1769. Elle ne sera rouverte qu'en 1981. Après avoir été transformée en ville de garnison, Corte est donc devenue une ville vouée à la culture, à la fois par son université et par le remarquable Musée de la Corse consacré à l'Anthropologie.

◄ Cargèse (Carghese)

Tour d'Omigna ►

SUR L'AUTRE RIVE DU GOLFE DE PERU, LE VILLAGE DE CARGÈSE SE DRESSE SUR UN PROMONTOIRE DE GRANIT. Avec son église grecque et les noms de quelques-unes de ses familles, il affiche une originalité historique liée à l'immigration au XVIIe siècle de familles venues du Péloponèse, plus précisément de la région de Maïna.

Afin de fuir la domination turque et les luttes de clans, ces Maniotes sollicitèrent de Gênes, en 1671, un refuge qui leur fut accordé sur le territoire de Paomia, sur une colline proche de Cargèse, à condition de prêter serment à la République et de la servir en qualité de soldats ou de marins. Ils furent donc sept cent trente à débarquer en 1676, mais leur installation sur des terres de transhumance et leur fidélité à Gênes leur valurent l'hostilité des bergers de Vicu et du Niolu, qui s'estimèrent spoliés et tentèrent de les chasser.

En 1731, en pleine rébellion corse contre Gênes, les familles grecques durent quitter les lieux et se réfugier en Ajaccio, où la chapelle des Grecs témoigne de leur séjour. En 1774, le gouverneur français Marbeuf les réinstalla sur la côte en un nouveau village, Cargèse. Elles surmontèrent les épreuves qu'on continuait de leur infliger, jusqu'à ce qu'une compensation fût enfin accordée aux bergers et aux villages de montagne. Une paix durable s'instaura, prélude à une intégration définitive renforcée par des mariages mixtes et si réussie qu'elle a pratiquement effacé les traces de la culture grecque. Il n'en subsiste qu'un certain sentiment de particularisme, qui s'est manifesté dans le jumelage de Cargèse avec Vytilo, le village grec d'origine.

LA TOUR ÉRIGÉE SUR DES ROCHERS DÉCHIQUETÉS À LA PUNTA D'OMIGNA VEILLE sur le golfe de Chiuni au nord et sur celui de Peru au sud. Elle est pratiquement inaccessible. Sa construction, qui date de 1606, est l'une des plus tardives, comme celle de plusieurs autres tours, notamment celle d'Orchinu, bâtie en 1607. Les villages de l'arrière-pays situés entre Niolu et Cinarca avaient en effet sollicité la construction d'une chaîne de guet le long de cette partie des côtes entre les tours du Capu Rossu et de Cargèse afin de défendre leurs pâturages de plaine contre les razzias et les incursions des pirates.

◄ Îles Sanguinaires

Cimetière d'Ajaccio ►

PROLONGEMENTS EN MER DE LA POINTE DE LA PARATA, LES ÎLES SANGUINAIRES veillent sur le golfe d'Ajaccio. L'origine de leur nom a été souvent discutée. La plus évidente se fonde sur la couleur rougeoyante dont elles se parent sous les rayons du soleil couchant. Mais une autre interprétation, plus violente, relève de la légende. Au temps des Barbaresques, le capitaine d'un des vaisseaux pirates qui croisaient dans les parages jeta l'ancre dans le golfe. Renégat natif de Zicavu, il voulait débarquer et revoir son village. Il descendit donc à terre, accompagné de son équipage, mais la troupe massacra la garnison locale, gagna Zicavu où elle continua ses tueries, enleva femmes et enfants, et s'empara des cloches de l'église. Le curé supplia Dieu de ne pas laisser emporter ce butin en terre infidèle. La prière fut exaucée : le navire qui transportait ces cloches sombra devant les Sanguinaires. Voilà pourquoi certaines personnes assurent que la nuit de Noël, quand souffle la tempête, elles les entendent à la pointe de la Parata sonner les douze coups de minuit...

Les passagers des navires qui traversent le golfe remarquent un étrange village entre Ajaccio et la Parata. Étrange parce qu'il est très ordonné et semble inhabité, sauf en certaines circonstances, où il est tout à coup envahi par une foule de gens en noir. D'ordinaire, il est si calme, si silencieux qu'on pourrait croire désertées ses maisons, petites, mais propres et bien alignées. C'est le cimetière d'Ajaccio. À coup sûr, nul lieu ne saurait être plus agréable que celui-ci, entre mer et maquis, pour tous ceux qui rêvaient de reposer en paix à l'heure du grand sommeil. Peut-être est-ce là le vrai paradis...

Ajaccio

« Dis-moi, ô mère auguste et sainte,
Si tes flancs tressaillaient ou non
Quand tu portais dans leur enceinte
Napoléon, Napoléon… »

PERSONNE NE PEUT ÉVITER EN AJACCIO D'ENTENDRE CET ILLUSTRE NOM. L'hymne bonapartiste créé en 1848 rappelle le privilège historique que le destin a accordé à « la ville sacrée… où Dieu se fit homme… et où naquit l'enfant prodigue de la gloire ». Ajaccien s'il en est, Napoléon n'a pas oublié de faire rois ses quatre frères, et c'est jusqu'à l'extrême qu'il a incarné la réussite que tout Corse va chercher au-delà des mers.

D'abord forteresse, petite ville romaine et évêché, la cité génoise a été officiellement fondée en 1492. Sa population est ainsi née d'un amalgame entre les colons de Ligurie et les *paesani*, villageois descendus des montagnes en quête de subsistance. La ville est bâtie sur un promontoire, la Punta della Leccia, où une citadelle est édifiée en 1554. Un faubourg, *U Borgu* – la rue Fesch –, s'ajoute à ce quartier historique, avant de s'étendre vers le nord et l'ouest.

Choisie aujourd'hui pour être le siège de l'Assemblée territoriale, Ajaccio fait figure de capitale politique, damant ainsi le pion à Bastia. Elle peut en tout cas se targuer d'offrir un site exceptionnel et un golfe dont on ne se lasse pas d'observer le chatoiement des couleurs en humant sur la route des Sanguinaires les effluves embaumés du maquis. On ne saurait s'étonner qu'Ajaccio ait attiré nombre de visiteurs illustres, écrivains comme Flaubert, Mérimée, Maupassant, Balzac, Conrad, Alphonse Daudet, Julien Gracq, princes ou souverains comme François Ferdinand d'Este, Edouard VII d'Angleterre, l'impératrice Sissi. Mais c'est le verbe qui règne en cette cité impériale, un verbe au réalisme souvent cruel, porté à la dérision, et qui s'attache à brocarder de préférence le pouvoir, la vanité et l'imposture. Nulle autorité ou célébrité n'y échappe. Peut-être est-ce une façon pour les Ajacciens d'échapper aux violences de l'histoire et de résoudre les paradoxes d'une île dont leur ville, entre une nature bénie des dieux et un orgueil qui refuse toute soumission, est une véritable métaphore.

◄ Propriano (Prupia)

Propriano

AU FOND DU LARGE GOLFE DU VALINCU SE NICHE LE SITE DE PROPRIANO, abri naturel protégé des vents d'ouest par le rocher du Scoliu Longu.

Avant de devenir au XIXe siècle un port actif, il a été fréquenté par les Grecs et les Romains. Occupé par les Pisans, et à partir du XIIIe siècle par les Génois, il n'a pas échappé aux incursions turques qui l'ont ravagé à trois reprises, en 1583, 1590 et 1660.

La plage de Propriano, à l'embouchure de la rivière Baraci, a été le théâtre d'un drame célèbre qui s'est déroulé au début du XIVe siècle. Le personnage principal en a été Sinucello, considéré comme l'un des hommes les plus remarquables de l'histoire de la Corse.

Seigneur de la Cinarca, il reçut des Pisans le titre de *Giudice* – juge – pour avoir défendu leur cité contre les Français. Après avoir reconnu la suzeraineté de Gênes, il signa un traité avec les Bonifaciens en 1258 et lutta contre les seigneurs féodaux de l'île. Rejeté d'abord par la population, il rallia une foule de partisans parce qu'il rendait la justice avec honnêteté et rigueur. Une Assemblée générale, appelée *Veduta*, le proclama maître du territoire compris entre San Giorgio et Bonifacio. Avec l'appui des Pisans, il établit son pouvoir sur toute l'île, à l'exception de Bonifacio et du cap corse, toujours aux mains des da Mare et des Gentile. Il limita le pouvoir des féodaux, instaura la paix, mais en 1284, la victoire de Gênes sur Pise changea le rapport des forces.

Après une longue résistance, Sinucello fut trahi par son fils. Il tomba dans un guet-apens et fut capturé par les Génois. Sur la plage de Propriano, où il devait être embarqué, il s'agenouilla et maudit le traître. Envoyé à Gênes, il passa en jugement et fut emprisonné dans la prison de Malapaga, où il mourut centenaire.

La même plage vit débarquer en 1564 le *condottiere* de Bastelica, Sampiero Corso, lorsqu'il entreprit de chasser les Génois de l'île. Il y aurait déclaré à la cinquantaine de ses compagnons, inquiets d'être en si petit nombre : « Ne tremblez donc pas, mes frères, notre salut est dans nos épées ! »

◄ Ponte Spin'a' Cavallu sur le Rizzanèse

ponte Spin'a' Cavallu

LE PONT EN « ÉCHINE DE CHEVAL », DÉNOMMÉ AINSI À CAUSE DE LA FORME DE SA STRUCTURE, a été construit au XIIIe siècle par l'architecte pisan Maternato sur le Rizzanèse, une rivière qui se jette dans la mer juste au sud du golfe du Valincu.

Sa célébrité est confirmée par un dicton :

Masciu Maternatu in Corsica, tre cosi ha lacatu
U ponti di Rizzanesi, a jesia di Surbuddà,
E u campanili di Carbini numinatu !

(Maître Maternato a laissé trois choses en Corse, le pont du Rizzanèse, l'église de Sorbollano et le clocher dit de Carbini).

La vallée du Rizzanèse a été l'une des voies de pénétration empruntées par les envahisseurs barbaresques et génois. Elle a été également le théâtre, ainsi que la région environnante, de sanglantes vendetta entre familles. L'une des plus fameuses est celle qui a eu pour héroïne Colomba, personnage principal du roman éponyme de Mérimée. Elle était originaire du village de Fozzanu, situé à quelques kilomètres au nord du pont.

◄ Rivière Rizzanèse

Sartène (Sartè) ►

double page suivante

Plage dans le golfe de Murtoli ▼

JUCHÉE SUR UNE ÉMINENCE, LA VILLE DE SARTÈNE SEMBLE RÉGNER sur la région de la Rocca, le bassin du Rizzanèse, et la basse vallée de l'Ortolu. Mérimée disait qu'elle était « la plus corse des villes corses ». Sartène s'est construite au milieu du XVIe siècle à la suite d'incursions de Dragut en 1545 et 1549, qui avait enlevé une partie des habitants.
Entre 1553 et 1569, la ville subit plusieurs sièges. Elle fut saccagée en 1583 par le dey d'Alger Hassan Corso. Sa population ayant été décimée, elle fut repeuplée par des familles qui vinrent de l'Alta Rocca et de la haute vallée du Taravu. Au XIXe siècle, la région fut secouée socialement par les conséquences d'une vague d'immigration venue d'Italie et de Sardaigne, consécutive à un appel de main-d'œuvre lancé par des acquéreurs de biens nationaux. Sartène avait la réputation d'être vouée aux conflits internes qui opposaient les clans entre eux. Deux quartiers de la ville, le Borgu et Sant'Anna, se sont ainsi livré dix années durant une véritable guerre pour des raisons politiques. La vendetta des Carabelli de Fozzano relatée par Mérimée dans *Colomba* y a connu des suites.
Mais Sartène est également célèbre pour la même sombre passion que sa population voue à la foi et qui s'illustre dans le *Catenacciu*, la procession nocturne du vendredi saint au cœur de la ville illuminée. Un grand pénitent, en cagoule et vêtu de rouge, les pieds nus, une lourde chaîne attachée à la cheville droite, porte la croix. Il est soutenu par un pénitent blanc dans le rôle de Simon de Cyrène et suivi par des pénitents noirs cagoulés, portant un Christ en bois dans un linceul. Sur leurs pas marchent le clergé et les fidèles. Comme partout en Corse, la foi s'accompagnait de pratiques superstitieuses. Les bergers de Sartène conjuraient les maléfices lors de la transhumance annuelle en jetant sur leurs bêtes la clé du cloître de San Damianu. Les animaux touchés par la clé étaient sacrifiés. Les débris et la poussière recueillis sur les murs de l'église étaient ensuite répandus sur le troupeau.

◄ Tour de Roccapina

Roccapina

DRESSÉE SUR LA MURAILLE ROCHEUSE DE ROCCAPINA, CETTE TOUR MAJESTUEUSE MARQUE L'ENTRÉE DANS LE SUD PROFOND.

Au début du XVIe siècle, pendant l'interminable guerre de l'indépendance, une troupe génoise commandée par Niccolo Doria campait dans les parages. Les soldats mangèrent une herbe semblable à la chicorée, *u occhirisciu*. Plusieurs d'entre eux en moururent. Certains y virent une punition infligée aux envahisseurs par la terre de Corse.

Cette région fut l'objet d'une lutte acharnée opposant les Génois, qui s'appuyaient sur les Bonifaciens, dont la tour de Roccapina était le poste avancé, et le comte Vincentello d'Istria (1380-1434), vice-roi de la Corse par la grâce du roi Alphonse d'Aragon. Considéré comme le véritable maître de l'île, qu'il faillit réussir à unifier, ce dernier commit divers excès qui lui aliénèrent la population. Contraint de quitter l'île, il fut capturé par les Génois et décapité à Gênes. Les féodaux de l'île reprirent aussitôt leurs disputes pour le pouvoir.

La tour a connu des moments tragiques. Ainsi, au XVIe siècle, Rinuccio della Rocca, seigneur de la Cinarca, entra en rébellion contre Gênes et provoqua plusieurs soulèvements. Au bout de dix ans de lutte, alors que ses fils étaient otages des Génois, le *condottiere* Andrea Doria le menaça de les tuer s'il ne se rendait pas. En 1511, traqué, il fut contraint de se retrancher dans la tour, mais ne vit d'autre issue que dans le suicide. Il se jeta dans un gouffre, qu'on appellera *u Trapentataju* – le précipice. La maison della Rocca ne s'en releva jamais. Le début du XVIe siècle marqua d'ailleurs la fin de la puissance féodale dans l'île.

double page suivante
Bonifacio (Bunifaziu) ▼

SITE AUSSI EXCEPTIONNEL QUE LA CITÉ EST RICHE D'HISTOIRE, BONIFACIO est l'une des étoiles majeures de l'île. Des vestiges de l'âge de pierre témoignent d'une occupation humaine très ancienne, mais c'est Homère qui attire le premier l'attention sur ce lieu prédisposé aux mythes. Selon une interprétation d'un passage de *l'Odyssée*, il serait le pays des Lestrygons, où Ulysse fit escale et dont les habitants, « robustes, moins hommes que géants », firent un festin de ses compagnons imprudemment descendus à terre.

Le chroniqueur corse du XVe siècle Petrus Cirneo – *De Rebus Corsicis* – date la fondation de la ville de l'an 883 et l'attribue au marquis de Toscane Bonifacio, de retour d'une expédition en Afrique et en Sicile contre les Maures. Selon d'autres sources, le fondateur serait le pape Boniface II (530-532). Quoi qu'il en soit, Gênes s'en empara en 1181. En 1195, elle en chassa les habitants pour y installer ses colons.

L'histoire de Bonifacio est riche d'événements. Une tour carrée plantée sur la falaise, la Torricella, et reliée à l'ancien bastion par les remparts, aurait été une geôle pour les martyrs chrétiens tels que sainte Divota et sainte Amanza. Autrefois, par respect pour ce martyrologe, les parents interdisaient aux enfants d'y jouer.

Sa position stratégique en fit un préside génois, qui connut à ce titre plusieurs sièges. Au cours de celui de 1420, alors que la flotte du roi Alphonse V d'Aragon bloquait le port et que son artillerie faisait des ravages, les Bonifaciens, accablés par la famine, demandèrent une trêve, promettant de se rendre s'ils ne recevaient aucun ravitaillement au 1er janvier 1421. Cela leur permit d'une part d'espérer un secours de Gênes, d'autre part de tailler dans le roc un escalier de 187 marches reliant la citadelle à la mer, afin de se ménager une sortie. Une autre thèse a attribué cette construction aux Aragonais qui auraient réalisé l'ouvrage en une seule nuit. Le barrage et le siège furent levés par l'escadre que Gênes expédia pour libérer son préside.

Entre autres événements marquants, il y eut la peste de 1529 qui décima la population, puis, en 1553, un autre siège, cette fois par Dragut, le pirate turc qui réussit à s'emparer de la ville, avant que la peste frappât à nouveau.

Rochers aux îles Lavezzi ▶

îles Lavezzi

CETTE EAU D'ÉMERAUDE ENTRE DES ROCS CALCAIRES, EST-CE UN REFUGE OU UN PIÈGE ? Pour la barque d'un pêcheur, c'est sans doute à la fois un abri et un bassin à rougets, mais pour *La Sémillante,* une frégate qui transportait des troupes en Crimée, ce fut un piège tragique. Le 15 février 1855, en plein midi, mais sans visibilité, elle se fracassa sur les rochers. Il n'y eut aucun survivant. À terre, on fit deux cimetières pour inhumer les 773 victimes.

On raconte que le capitaine, sachant pourtant que le mauvais sort sévit souvent dans les bouches de Bonifacio, avait omis, au sortir du port de Lorient, de saluer à coups de canon Notre-Dame-de-l'Armor-en-Plomeur, une coutume strictement observée par tous les marins.

En janvier 1893, il y eut un autre naufrage, celui du vapeur *L'Événement,* mais équipage et passagers purent être sauvés.

◄ Capu Pertusatu et falaises de Bonifacio

Capu di Senetosa ►

À L'EXTRÊME POINTE SUD DE L'ÎLE, LE PLATEAU DE PERTUSATU s'enfonce dans la mer par la pointe de Saint-Antoine. Ce nom de Pertusatu, qui signifie « percé », a son origine dans la grotte de l'Orca – la jarre – en forme de jarre renversée et percée d'une ouverture circulaire.

A CALA DI SENETOSA EST UNE CRIQUE TAILLÉE DANS LE FLANC DU CAP DU MÊME NOM. Pour l'historien Carulu Giovoni da Bazi, Senetosa viendrait du grec *Sunetos* – prudent –, signe de la présence des Grecs dans l'île dans la haute Antiquité. Le terme Cala ayant son origine dans *khalao* – en grec détendre – et *calzare* – en latin relâcher –, il a été déduit que ce lieu était un abri pour les navigateurs sur une côte exposée aux tempêtes et surtout à la menace permanente d'agression qui a pesé sur la Corse tout au long de son histoire.

◄ Cascade de la Pisse de coq
(Piscia di gallu)

double page suivante
▼ Plage de Taravo

L'histoire s'est construite sur des témoignages et des faits transformés par le temps en légendes. C'est par ces récits fabuleux qui atteignent parfois aux dimensions du mythe qu'un peuple ou une communauté peut se reconnaître, entretenir sa cohésion, s'enraciner dans sa terre, se préserver des dangers, se libérer de ses fantasmes, surmonter ses souffrances, affronter la mort. Aussi solides qu'aient été les mythes fondateurs et protecteurs, le Corse devait se protéger contre les agressions des forces occultes hostiles ou de l'ennemi, voisin ou étranger. Il faisait alors appel aux puissances surnaturelles bénéfiques, directement ou par le truchement de médiateurs et de médiatrices, prêtres, magiciens, sorcières, incantatrices. Il n'est guère surprenant que sous le soleil qui échauffe les esprits, dans la pénombre des ruelles de village et des sentiers de forêts, foisonnent fables, contes et légendes dans lesquels s'affrontent les membres d'une étrange trinité, l'homme, Dieu et le diable.

Rumeurs et légendes

Dans tous les villages vivaient des sorcières – *streghe* –, et des chasseurs nocturnes aux rêves prémonitoires qui prétendaient voir l'invisible, les *mazzeri*. La magie, fût-ce par le dialogue avec le diable, n'excluait nullement la foi en le Christ ou en la Vierge, et ne dispensait pas d'invoquer tel saint auquel était prêté un pouvoir bienfaisant. Ainsi chantait-on dans plusieurs villages : « Saluons le Bienheureux saint Martin, qu'il nous fasse faire bonne chasse et que dans la vigne et dans l'aire croissent toujours le blé et le vin ! »
Le verbe ne se prononce pas toujours haut dans cette île pastorale, où pourtant le berger se doit d'avoir la voix forte. Aux bruissements des eaux qui bercent les imaginations répondent les murmures qui colportent les rumeurs. Si la parole peut construire une renommée, elle peut également nuire, et nul n'ignore que le temps confère à la médisance ou à la calomnie la force d'une vérité. Aussi, la sagesse populaire recommande-t-elle le silence, puisque, selon le dicton, *in bocca chjosa un c'entre mosche*, « en bouche close les mouches n'entrent pas ! »

◄ Rivage de Santa Maria della Chjappella

Santa Maria della Chjappella

PAR DES INSCRIPTIONS ROMAINES DÉCOUVERTES ICI ET RÉVÉLANT L'EXISTENCE D'UN OPPIDUM, la rumeur d'un lointain passé se mêle ici aux murmures du vent et aux bruissements de la mer. Selon une légende fondée sur les vestiges d'un édifice datant de l'introduction du christianisme en Corse, au VIe siècle, des missionnaires chrétiens auraient déjà réalisé des conversions dès les IIe et IIIe siècles.

La chapelle de style roman, entourée d'asphodèles et de buissons de lentisques, qui voisine avec une tour génoise, en a longtemps cultivé la tradition en étant autrefois un objet de pèlerinage.

Aujourd'hui, des rumeurs prétendent que cette anse à la fois si sauvage et si précieuse est préservée par quelque puissance divine de ce danger moderne qu'est le béton à destination touristique. Agité au début des années 1970, le projet d'un port de plaisance et d'un complexe hôtelier a été en effet abandonné. Déjà, à l'époque de la domination génoise, les autorités de la Sérénissime République avaient renoncé à y édifier un port.

Marine de Scalu ►

marine de Scalu

DANS LA COMMUNE DE LURI, ENTRE LA MARINE DE SCALU, sur la côte occidentale du cap, et le col de Santa Lucia, il y a une tour, sorte de vestige de donjon médiéval, dans laquelle aurait résidé le philosophe romain Sénèque.

Alors âgé d'une quarantaine d'années, il a été envoyé en exil dans l'île par l'empereur Claude (10 av. J.-C.-54 apr. J.-C.) pour avoir entretenu des relations coupables avec Julie, la nièce de ce dernier. Son séjour a duré sept ans, et selon les supputations des historiens plutôt dans l'arrière-pays de Mariana, ou près d'Aleria, les deux villes où Rome avait installé de fortes colonies, essentiellement militaires. Quoi qu'il en fût, Sénèque décrivit un pays sauvage et désolé : « aucune herbe ne croit sur ce sol maudit !… On n'y trouve que deux choses, l'exilé et son exil ». Son jugement sur les habitants, devenu célèbre, fut du même ordre : « Leur première loi est de se venger, la deuxième de vivre de rapines, la troisième de mentir, la quatrième de nier les dieux. » Mais plus tard, de retour à Rome et devenu précepteur de Néron, n'ayant plus aucune raison de se plaindre, il changea d'avis : « J'étais plus heureux dans ma retraite solitaire où la mer de Corse m'entourait de ses flots… Avec quel ravissement je contemplais le ciel, chef-d'œuvre de la nature… et le cours harmonieux des astres, et le lever et le coucher du soleil… et le brillant éclat de la voûte céleste… ». C'est en tout cas dans la commune de Luri que la mémoire de l'exil du philosophe a traversé les temps, préservée par cette tour qui porte son nom, comme l'herbe qui croît à son pied, dénommée « l'ortie de Sénèque ».

◄ Golfe de Saint-Florent

Saint-Florent

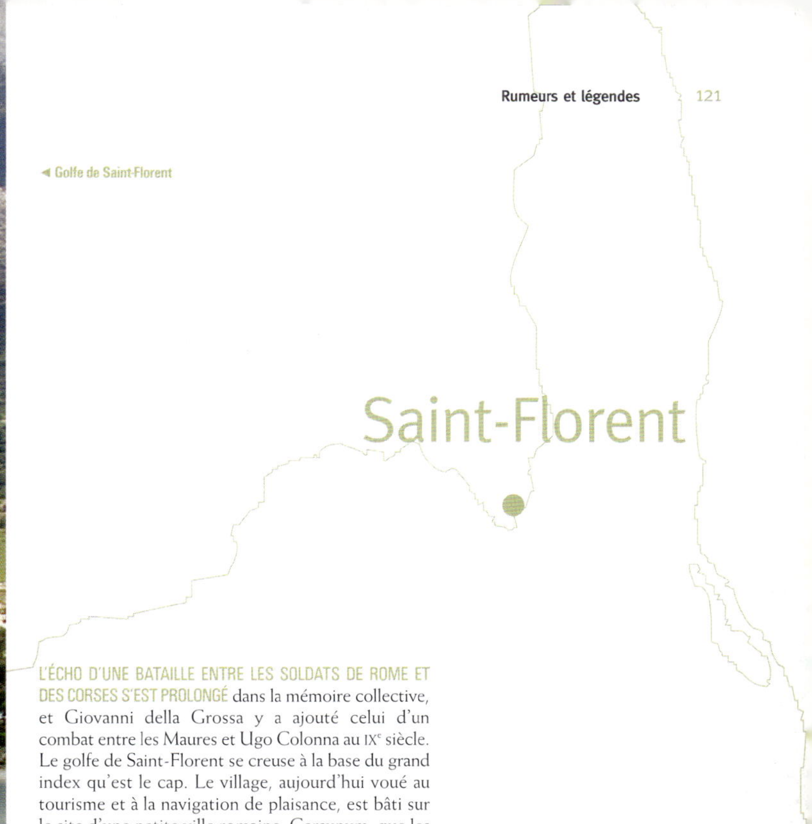

L'ÉCHO D'UNE BATAILLE ENTRE LES SOLDATS DE ROME ET DES CORSES S'EST PROLONGÉ dans la mémoire collective, et Giovanni della Grossa y a ajouté celui d'un combat entre les Maures et Ugo Colonna au IXe siècle. Le golfe de Saint-Florent se creuse à la base du grand index qu'est le cap. Le village, aujourd'hui voué au tourisme et à la navigation de plaisance, est bâti sur le site d'une petite ville romaine, Cersunum, que les chroniqueurs corses ont appelée Nebbiu. Quant au nom de Saint-Florent, il serait selon certains historiens celui d'un évêque du Maghreb exilé en Corse, selon d'autres celui d'un martyr dont la dépouille repose dans la cathédrale Sainte-Marie-de-l'Assomption. Le pape Clément IX aurait nommé ce dernier Florus et aurait fait don de ses reliques à l'évêque du Nebbiu. Il en est résulté la rumeur que le 15 mai, jour de la Saint-Flor, il émane un parfum de violette de trois trous percés dans un mur de l'église.

L'air de Saint-Florent semble décidément favorable au surnaturel, puisqu'un autre saint y manifeste également sa présence, Pancrace, qui a l'habitude de frapper trois coups au pied du lit d'un malade pour l'inviter à se préparer au départ dans l'au-delà. Le diable, qui s'obstine à manifester sa présence partout où Dieu impose sa loi, envoie un fantôme hanter une maison ancienne de la place Saint-Florent. Mais ni lui ni Dieu n'ont permis aux chercheurs de trésors de trouver celui qu'auraient laissé les Anglais lorsqu'ils ont quitté la place en 1796, selon une rumeur qui avait d'ailleurs toutes les chances d'être infondée.

◄ Tour de Mortella

Plage du Lotu ►

LA TOUR DE MORTELLA VEILLE SUR LA PLAGE DU LOTU, QUI BORDE LE DÉSERT DES AGRIATES. Selon une légende, il fut un temps lointain où un ogre et sa mère persécutaient les habitants de cette région, à l'ouest du golfe de Saint-Florent. Un berger prit l'initiative d'en finir avec ces monstres. Il s'aventura jusqu'à l'entrée de leur antre, constituée de cinq dalles de granit ; il y plaça une botte géante enduite de poix à l'intérieur. L'ogre la chaussa et fut ainsi capturé. En échange de la vie sauve, il proposa de donner la recette du *brocciu* et celle de la fabrication de la cire avec le petit-lait. Les villageois, méfiants, refusèrent et jugèrent préférable de tuer l'ogre et sa mère l'ogresse, qu'ils ensevelirent dans des tombeaux de pierre, que les rumeurs ont identifiés avec les dolmens du mont Revincu, entre Saint-Florent et Santu Petru di Tenda. La tour de Mortella, qui veille sur la rive occidentale du golfe et sur la plage du Lotu, a été bâtie au milieu du XVIe siècle, à l'époque de la guerre entre Gênes et les Franco-Turcs, qui débarquèrent en Corse pour tenter de la conquérir. On en a attribué les plans à Giacomo Palearo de Morco, qui allait être l'ingénieur en fortifications du roi Philippe II d'Espagne. Au XVIIIe siècle, les Anglais la prirent pour modèle quand ils construisirent les tours de défense de l'île de Jersey.

LA PLAGE DU LOTU BORDE LE DÉSERT DES AGRIATES. RENDU CÉLÈBRE PAR PIERRE BENOÎT qui a donné ce titre à l'un de ses romans, ce « désert » s'étend d'est en ouest du Nebbiu au nord de la Balagne. Sa rive court de l'anse de Fornali à l'embouchure de l'Ostriconi – *U Strignone*, le Grand Sorcier. Il n'a rien de commun avec le Sahara ou le Gobi, et doit cette qualification à l'absence de villages. Autrefois terre à blé, à vignes et à oliviers, il était un véritable grenier pour Gênes, mais il fut ruiné par les razzias barbaresques avant que la France royale n'en attribuât à la fin du XVIIIe siècle de vastes portions à des seigneurs français absentéistes, parmi lesquels le prince de Conti. Le maquis ne tarda pas à remplacer les cultures qui furent repoussées vers les régions voisines.
Aujourd'hui, le maquis l'occupe toujours mais laisse place à des pâturages tandis que la côte a été placée sous la protection du Conservatoire du littoral. Les esprits imaginatifs amateurs d'histoires fantastiques aiment à croire qu'un *Orcu*, amateur de chair fraîche, ferait peur aux investisseurs éventuels en animant leurs cauchemars.

◄ Sant'Antonino
(Sant'Antoninu)

Sant'Antonino

SANT'ANTONINU, EN BALAGNE, EST UN VÉRITABLE NID D'AIGLE. Perché à cinq cent mètres d'altitude, il règne sur la vallée du Reginu, dont le cours est orienté vers le nord et passe par le barrage de Codole.

En passant sous les vénérables voûtes que traverse le labyrinthe de rues bordées de maisons aux airs de fortin, la mémoire historique nous rappelle que les seigneurs du lieu, les Savelli, étaient réputés pour leur hospitalité. L'ancêtre Guido était devenu comte de Balagne après avoir remporté une victoire sur les Sarrasins.

On raconte qu'au XVIIe siècle, le père Bernardin, de l'ordre des Récollets, aurait accompli un miracle dans la demeure d'Horace Savelli, qui l'hébergeait. En lui rendant visite, l'hôte le découvrit dans un halo de lumière éblouissante et baignant dans un délectable parfum de sainteté : « Joignez-vous à moi pour adorer l'enfant Jésus et la Sainte Vierge Marie qui m'ont fait la grâce de venir ici ! » lui dit le bon père. Des rumeurs moins édifiantes avaient néanmoins couru les siècles précédents sur certains seigneurs de la même famille, connus pour leurs exactions, leurs mœurs, ou leur rapacité.

Pont génois
près de Mausoleo (Mausoleu) ►

Mausoleu

À 750 MÈTRES D'ALTITUDE, LE VILLAGE DE MAUSOLEU SE SITUE DANS UNE RÉGION AUX MULTIPLES RAVINS creusés par les affluents de la rivière Tartagine, au milieu de somptueuses forêts. On y raconte la légende d'Ors'Anto, qui y chassait beaucoup.

Un jour, alors qu'il passait devant le gouffre de la Rega, il aperçut un mouflon d'or. Saisi de stupeur, il s'abstint de tirer. Mais le lendemain, il revint sur les lieux pour le rechercher. Il le trouva et, cette fois, appuya sur la gâchette. Touché, le mouflon plana au lieu de tomber. Une voix grinçante s'éleva alors du gouffre d'où émergea une vieille femme: « Maudit sois-tu pour avoir tué mon dernier mouflon d'or! Sois donc puni! » Poussé par une force irrésistible, Ors'Anto chuta dans le gouffre. Depuis lors, quiconque ose s'approcher du Tufone di a Regha peut entendre les hurlements du malheureux chasseur.

◄ Montemaggiore

Montemaggiore

À L'EXTRÉMITÉ D'UN PROMONTOIRE QUI DOMINE AU SUD LA RÉGION DE CALENZANA, à l'ouest les bassins du Seccu et de la Ficarella, et au-delà le golfe de Calvim, le village de Montemaggiore s'enorgueillit d'être le berceau de la famille noble des Leca, apparentée aux Colonna de Rome, dont l'ancêtre du IXe siècle était le mythique Ugo, vainqueur légendaire des Maures. Établie à Séville, elle était d'autre part alliée à la famille Anfriani, de Calvi. Fabuleuse alliance, puisque c'est du mariage de Tomaso Magnara di Leca avec Geronima Anfriani qu'est né le 3 mars 1627 à Séville un certain don Miguel de Manara. L'enfant allait devenir don Juan, le vrai, celui qui a inspiré à Tirso de Molina le personnage du séducteur insatiable et tourmenté, don Juan Tenorio.

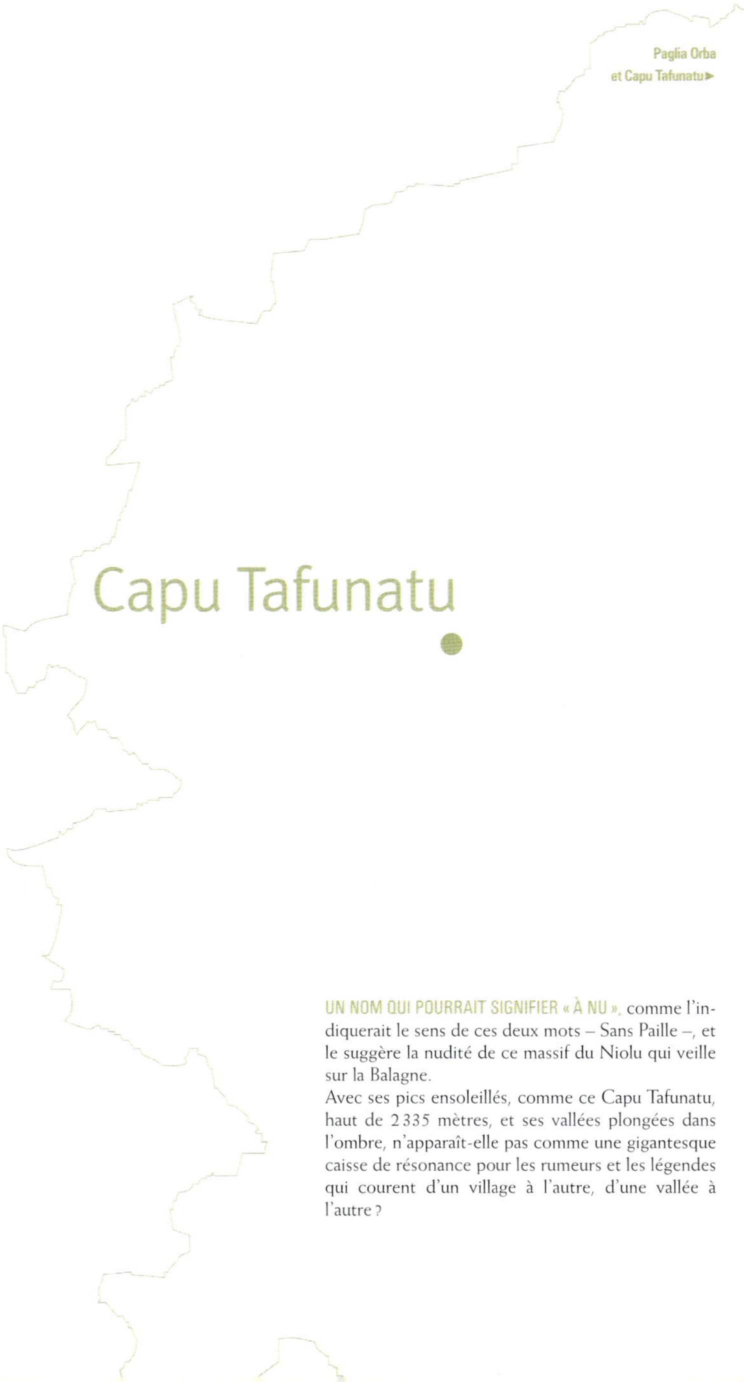

Paglia Orba
et Capu Tafunatu ►

Capu Tafunatu

UN NOM QUI POURRAIT SIGNIFIER « À NU », comme l'indiquerait le sens de ces deux mots – Sans Paille –, et le suggère la nudité de ce massif du Niolu qui veille sur la Balagne.
Avec ses pics ensoleillés, comme ce Capu Tafunatu, haut de 2 335 mètres, et ses vallées plongées dans l'ombre, n'apparaît-elle pas comme une gigantesque caisse de résonance pour les rumeurs et les légendes qui courent d'un village à l'autre, d'une vallée à l'autre ?

Calvi

À CALVI, DES VOIX ASSURENT QUE CHRISTOPHE COLOMB Y SERAIT NÉ EN 1441, et non à Gênes ou à Savone. Elles avancent en guise de preuves ou d'indices quelques faits ou des incertitudes dans lesquelles peuvent s'engouffrer toutes les hypothèses. Elles remarquent d'abord que la naissance et la jeunesse du découvreur de l'Amérique sont objets de spéculations. Elles notent entre autres observations que Christophe Colomb aurait embarqué avec lui des chiens et des chevaux de Corse, qu'il a placé ses premières découvertes sous la protection de saints très vénérés en Corse, qu'il aurait donné un nom corse: « *toninas* » à des poissons découverts en Amérique. Personne n'ignore d'autre part les liens étroits de Gênes avec son préside calvais...

Une conviction s'est ainsi forgée à partir d'une élégie en latin découverte par un prêtre, l'abbé Giorgi, à Monticello. L'auteur y fait déplorer à Christophe Colomb d'avoir quitté Calvi, sa ville natale, pour courir les océans. Un autre défenseur de la thèse a été le chanoine Casanova, auteur de l'*Histoire de l'Eglise de Corse* (1931).

Moins sensationnelle que la naissance du découvreur de l'Amérique à Calvi est la légende de l'étang dit Vigna del Vescovo. L'évêque de Sagone, dont le siège était à Calvi, aurait été séduit par une belle fille qui participait aux vendanges et l'aurait provoqué en lui demandant son anneau épiscopal. Le prélat accepta, mais chuta au milieu des vignes en voulant le lui passer au doigt. Il le perdit, mais alors qu'il le recherchait, le vignoble se transforma en étang et l'anneau resta introuvable

La Revellata et le phare ▶

la Revellata

À LA SORTIE DE CALVI, UN CHEMIN, SIGNALÉ PAR UN CURIEUX ROCHER EN FORME DE DAUPHIN, conduit à la grotte des Veaux marins, derrière la presqu'île de la Revellata. La légende dit que des veaux marins y vivaient, tapis au fond de la caverne. Prédateurs et profiteurs, ils prenaient le poisson là où il se trouvait en quantité, c'est-à-dire dans les filets des pêcheurs. Ceux-ci devaient donc les combattre au moins deux fois dans l'année pour les punir.

Une autre grotte est celle du Mugghiu, qui s'ouvre au pied de la presqu'île. Elle doit son nom au mugissement de la mer qui s'y engouffre. On dit que le son s'en propage jusqu'à l'intérieur des terres par la grotte de Pietrabella, dans la vallée de l'Ascu.

◄ Ota

double page suivante
▼ Porto

AU MILIEU DE LA FORÊT QUI L'ENTOURE, LES MAISONS AUX TOITURES ROSES DU VILLAGE D'OTA le font ressembler à un bouquet de fleurs déposé au pied de l'énorme bloc du pic d'Ota. Si l'on y entend le bruissement de la rivière de Porto qui coule en contrebas, ce sont surtout les grondements sourds qu'on croit percevoir en provenance de ce Capu aux airs de sphinx. La masse en semble si branlante et si prête à tomber de son altitude de 1 220 mètres qu'un dicton résonne comme un avertissement : *Ota ! Ota ! Attenti à la Cota !*, « Ota, Ota, gare à la pierre ! »

On dit qu'autrefois les villageois se rendaient sur le pic pour l'arroser d'huile et le lier avec du chanvre afin d'en empêcher la chute. Selon une croyance plus optimiste, il n'y aurait aucun danger car les moines d'un couvent voisin lui auraient serré la tête avec des cordes en poils de chèvre.

La menace latente qui hantait les esprits n'en favorisait pas moins les histoires de sorcières. L'une d'elles, Maria Anton', se sentant vieillir, voulut réunir ses amis afin de conjurer la mort. Francè, qui venait d'Evisa, se rendit donc à Ota en compagnie de Gioia, autre sorcière connue pour apprendre aux chats-huants à hululer comme les hiboux. En chemin, ils firent d'étranges rencontres, des feux follets, puis, dans les gorges de la Spelunca, un taureau noir qui se disait maître du territoire. Doté de cornes en forme de lyre et de sabots qui faisaient jaillir des gerbes d'étincelles et de flammes, l'animal dégageait une telle chaleur que le maquis s'enflammait à son approche. D'une voix d'homme, il intima à Francè l'ordre de déguerpir. Ce dernier répliqua avec une formule magique qui fit disparaître le taureau. Mais ni Gioia, ni lui-même ne purent empêcher Maria Anton' de mourir.

Des histoires plus prosaïques courent sur un villageois devenu bandit, Serafinu. Surnommé Serafinone, il préférait se dire Serafinu le Grand, roi de la Balagne. Cette couronne ne suffit pas à lui éviter l'humiliation infligée par son rival Massoni, qui l'obligea à libérer la sœur du curé d'Ota, qu'il avait enlevée et prise pour épouse.

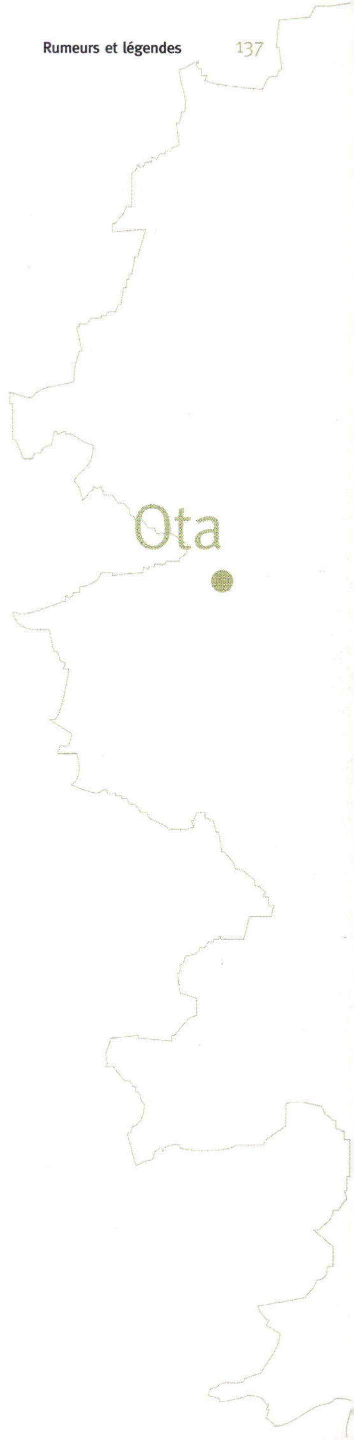

◄ Lac de Creno (Crenu)

lac de Creno

ON A DIT QUE LA VUE DE CE LAC, NICHÉ À 1 310 MÈTRES D'ALTITUDE AU CŒUR DU MASSIF DU CINTU, suscitait un sentiment d'effroi. Serti dans une couronne de pins, cette étrange plaque circulaire, avec son eau couleur d'encre noir bleuté et ses nénuphars insolites, a plutôt un air de laque chinoise.

Il n'est guère étonnant qu'une légende en ait fait une création du diable : les habitants du village de Soccia, hantés par des apparitions nocturnes de ce dernier, tentèrent de le chasser des environs. Cherchant un refuge, le Malin creusa une excavation qui se remplit d'eau, et en fit communiquer le fond avec les enfers. Mais de cet antre, il continuait de sortir pour tourmenter les villageois, qui firent appel à un exorciste, un pieux ermite.

Ce dernier, accompagné et assisté d'un berger, commença ses incantations sur les bords du lac. Leurs prières eurent pour effet de vider peu à peu celui-ci. Le diable fit alors apparaître des moutons blancs pour tenter le berger et interrompre les oraisons. Le berger résista. Le Malin s'en prit à l'ermite en faisant miroiter à ses yeux manteaux de pourpre, chasubles d'or, mitres étincelantes de diamants. Impavide, l'ermite continua de prier et le niveau du lac baissa irrémédiablement jusqu'à devenir totalement sec. Le diable, affublé d'une crinière en peau de serpent, apparut en chauve-souris qui battait des ailes enduites de vase, mais le berger le fit reculer et fuir en hurlant les noms de Jésus et de Marie. Les apparitions diaboliques cessèrent enfin et le lac se remplit d'eau à nouveau.

Monte Renoso (Rinosu) ►

monte Renoso

LE RENOSO, 2 352 MÈTRES, EST L'UN DES MASSIFS DE L'ENSEMBLE MONTAGNEUX dressé au sud-ouest du sillon médian qui traverse l'île. De son sommet, quand il n'est pas noyé dans le brouillard, on peut contempler une bonne partie de l'île. Si le regard se heurte au nord aux crêtes du Ritundu et du Cintu, il peut glisser à l'est vers celles de l'Incudine (Alcutina) et descendre vers le Fiumorbu et la côte orientale, ou au sud et à l'ouest vers le Sartenais et les golfes du Valincu et d'Ajaccio.

De son flanc méridional jaillit le Prunelli, dont les eaux déferlent dans des gorges sauvages entre des murailles de granit après avoir coulé au pied du village de Bastelica. Elles sont contraintes de s'assagir par la retenue du barrage de Tolla, construit en 1956, et à l'entrée du village de Bastelicaccia, l'écho d'une tragédie que nous avons évoquée se mêle à leurs bruissements sous le pont de la Pierre, un vieux pont génois que l'on appela autrefois *U ponte di Setti Polli*, le pont des Sept Poulets. C'est là en effet que le comte Arrigo Bel Misser et ses sept fils furent assassinés en l'an mille, acte que la voix du destin condamna en clamant la malédiction qui devait frapper la Corse.

◄ Bastelica (Basterga)

Bastelica

AU SOMMET DU RINOSU, QUI SURPLOMBE BASTELICA, OU À LA PUNTA DU SCALDASOLE, à 2 101 mètres, quand le regard peut courir des plus hautes crêtes de l'île aux côtes occidentale et orientale, on comprend mieux la légende de Matteu u Magnificu, un sorcier bastelicais qui a humilié le diable et répondu avec succès au défi de tendre une corde de sable d'une montagne à l'autre. Bastelica est un gros village de bergers agriculteurs situé à 770 mètres d'altitude. Autrefois carrefour muletier où se pratiquaient les échanges entre les vallées de la Gravona et du Taravu, il est composé du regroupement de six hameaux, Vasalacci, Santu, Costa, Tricolacci, Dominicacci, Stazzona, qui se déploient en amphithéâtre du sud-est à l'ouest.

La *piaghja*, le pâturage hivernal, se trouvant dans la plaine de Campu dell'Oru, aux portes d'Ajaccio, les Bastelicais y ont développé de la vigne et des cultures maraîchères, et bâti sur les collines le village de Bastelicaccia, véritable annexe et source de prospérité grâce à la proximité de ce marché urbain. Il fut un temps où ils allaient en hiver sur le plateau des Pozzi, à 1 800 mètres d'altitude, pour puiser le névé qu'ils enveloppaient dans des sacs de branchages et de fougères et allaient vendre aux Ajacciens afin de rafraîchir et de rendre buvable l'eau des puits.

Bastelica est surtout fière de son fils le plus célèbre, Sampiero Corso – Samperu u Corsu –, dont la statue se dresse au milieu du village. Il est l'une des trois grandes figures emblématiques de la Corse avec Pasquale Paoli et Napoléon. Né le 23 mai 1498, au hameau de Dominicacci semble-t-il, il partit pour l'Italie en 1516 et s'engagea dans les Bandes noires de Giovanni de Médicis et se mit à une certaine époque au service du roi Henri II de France. Il mena une lutte implacable contre les Génois, proclamant : « Nous pouvons si nous voulons nous délivrer nous-mêmes ! » Les agents de la Sérénissime République eurent le dernier mot et Samperu u Corsu fut tué dans une embuscade en 1567, avec la complicité vengeresse de ses propres beaux-frères. La légende héroïque du personnage est en effet entachée par le meurtre de sa femme, Vanina d'Ornano, qu'il a étranglée, selon les uns parce qu'elle l'aurait trahi en rejoignant avec l'un de leurs enfants un prêtre, agent de Gênes, selon d'autres par jalousie, préfigurant ainsi le personnage shakespearien d'Othello. À l'initiative d'un Irlandais, neveu de Napoléon, une plaque de marbre apposée en 1855 sur sa maison natale, reconstituée au XVIIIe siècle, glorifie « le plus corse des Corses, héros que l'amour de la patrie […] a nourri dans ses montagnes et dans ses torrents […] ».

◄ Pont d'Altiani

• pont d'Altiani

LA LÉGENDE DONNE LE NOM PONTE LARICIO À CE PONT MULETIER À TROIS ARCHES, construit par les Génois en 1698 sur le Tavignanu, parce qu'avant d'être achevé, il faillit être emporté lors d'une crue par un énorme pin laricio. Comme il avait résisté, la rumeur en attribua le mérite à saint Jean-Baptiste, auquel est vouée la remarquable église romane en schiste noir, qui se dresse à proximité, refuge de bergers et de voyageurs. Le pont permettait en tout cas de relier les villages du haut Tavignanu et du Fiumorbu à d'autres *pieve* et vallées.

◄ Tour d'Olmeto (Olmetu)

Plage près de Propriano (Propriù) ►

HISTOIRE ET LÉGENDES SONT INTIMEMENT MÊLÉES EN CETTE TOUR, QUI PROTÈGE LA RIVE septentrionale du golfe du Valincu, que domine le gros village d'Olmetu, accroché à un versant de la Punta di Buretu. Un peu plus haut, près du couvent Saint-François, sur un pic isolé dominé par la Punta Cavallini (846m), subsistent les ruines du Castello della Rocca, bastion de Sinucello de la Rocca, le fameux Giudice de Cinarca, dont on a évoqué la vie mouvementée et la fin tragique au XIIIe siècle.
Son arrière-petit-fils, Arrigo della Rocca, s'illustra en refusant de se soumettre aux Génois. Parti en Espagne, il en revint et, avec le soutien du roi d'Aragon, chassa les Génois, sauf de Calvi et Bonifacio. Proclamé comte de Corse, il gouverna l'île durant quatre années, mais comme si une malédiction planait sur la famille, il mourut en 1401 empoisonné, du moins selon les rumeurs.
Près du lieu où fut édifié le château della Rocca une pierre appelée *Petra sarracina* évoque une légende. Une jeune fille des environs se serait enfuie avec l'un des Sarrasins venus occuper les lieux, où les avaient attirés les feux de la Saint-Jean. Il s'était ensuivi une rixe, mais plus tard, devenue mère en captivité, la jeune femme se serait évadée avec l'aide d'un de ses frères et revint au village. Le frère tua l'enfant de l'Infidèle sur cette pierre.
C'est à Olmetu que mourut, en 1861, Colomba Carabelli, à l'âge de 96 ans.

◄ Olmiccia

• Olmiccia

LES PRATIQUES PIEUSES OU MAGIQUES NE MANQUAIENT PAS DANS LA VALLÉE DU RIZZANÈSE. Il était ainsi de tradition au moment des vendanges de planter des « branchettes de Saint-Martin » croisées sur le dernier tas de raisins, et dans la nuit du 31 juillet au 1er août d'allumer des feux, puis de sauter trois fois par-dessus le foyer.

Olmiccia, ou « Lieu planté d'ormes », est un village bâti en cercles concentriques qui commande l'entrée de Sainte-Lucie de Tallano – Santa Lucia di Tallà –, bastion des seigneurs de la Cinarca pour contrôler la région de la Rocca, mais également célèbre pour son huile d'olive, et surtout pour une pierre éruptive exceptionnelle par sa beauté et sa rareté, la diorite orbiculaire, qui a été utilisée en particulier dans la construction de la chapelle des Médicis à Florence. On y raconte l'histoire fantastique de Poli, un villageois qui avait l'habitude de pêcher la truite dans les torrents du Rizzanèse. Un jour, il surprit au lieu-dit Trou de la Fée – U Tuffone della Fata – une jeune fille qui s'y baignait. Dès qu'elle l'aperçut, elle se glissa telle un serpent entre deux rochers. Poli lança son filet et la captura. Ebloui par sa beauté, il lui demanda aussitôt de l'épouser. La jeune fille, lui trouvant bonne et honnête figure, accepta à une condition : « Ne cherche jamais à savoir si je mange ou si je bois, sinon je disparaîtrai à jamais.»

Poli en fut si heureux qu'il ne se demanda même pas si elle était une fée, ou une vouivre. Le couple vécut heureux et tranquille pendant vingt ans. L'épouse donna naissance à trois garçons et trois filles. Comme elle ne mangeait ni ne buvait jamais à la table familiale et s'enfermait dans la chambre après les repas, Poli céda un jour à la curiosité de savoir ce qu'elle y faisait. Il ouvrit la porte et la surprit en train de se nourrir par une bouche qu'elle avait dans le dos.

« Tu as rompu ta promesse ! s'écria-t-elle aussitôt. Nous ne pourrons plus vivre ensemble et je m'en vais avec mes trois filles. Quant à toi, tu dois savoir qu'il n'y aura jamais dans ta descendance plus de trois garçons, et ce jusqu'à la septième génération. » Selon la rumeur, la prédiction en forme de malédiction se réalisa.

À FILITOSA, C'EST UNE RUMEUR VENUE DES TEMPS PRÉHISTORIQUES QUI COURT autour d'un oppidum aménagé sur un éperon naturel dominant le confluent des ruisseaux Barcajolu et Sardelle. On la perçoit entre les menhirs et des dolmens qui se dressent dans la basse vallée du Taravu pour témoigner d'une très lointaine présence humaine sur l'île.

Les pierres et les savants nous disent que la préhistoire y connut trois âges. Le premier s'étend du milieu du IIIe millénaire au milieu du IIe av. J.-C., avec des alignements de dolmens composés de dalles façonnées et de menhirs d'une hauteur de deux à quatre mètres. Le deuxième est caractérisé par l'apparition de menhirs aux formes humaines d'abord brutes, puis modelées. Avec le troisième, qui commence dans la seconde moitié du IIe millénaire, les formes humaines se précisent, avec une colonne vertébrale, des omoplates, des côtes, parfois des éléments pour les protéger, des casques hémisphériques avec des cornes, semblables à ceux d'un peuple de la mer, les Shardanes. On a émis l'hypothèse d'une période guerrière et d'une arrivée d'envahisseurs qui auraient construit, sur les hauteurs des habitations, des monuments circulaires, hauts de six à huit mètres en pierres cyclopéennes, dénommés « torre » par l'archéologue Grosjean, d'où le qualificatif « torréenne » donnée à une civilisation qui a été commune à la Corse et à la Sardaigne préhistoriques.

◄ Dolmen de Fontanaccia
(Funtanaccia)

Alignements de Pagliaju ►

SUR LA RIVE DROITE DE L'ORTOLU, SUR LE PLATEAU DE CAURIA ENTRE SARTÈNE ET LA MER, d'autres vestiges nous parlent également de préhistoire.
Les alignements mégalithiques de Pagliaju ne comptent pas moins de quelque 250 menhirs du mégalithique – 2000 à 1500 av. J.-C. On a pu considérer cet ensemble comme un palais, ou comme un cimetière de Turcs.
Plus au sud, le dolmen de Fontanaccia, situé au pied de la pointe de Cauria, est appelé Stazzona di Diavolu, Forge du Diable. Il est formé de sept dalles qui supportent une table de 3, 40 mètres sur 2,90 mètres creusée de trois cuvettes. Vingt cinq menhirs alignés parallèlement à l'axe du dolmen sont considérés comme les gibets des victimes de Satan et seraient la glorification d'un mort héroïsé ou divinisé par le peuple des Ibères.

◄ Porto-Vecchio (Purt Vecchju)

Porto-Vecchio

LA BEAUTÉ DE LA PUNTA DI A CHIAPPA, QUI GARDE L'ENTRÉE DU GOLFE DE PORTO-VECCHIO AU SUD, résonne d'une telle musique aux oreilles de tous les navigateurs qu'on y a vu le lieu enchanteur fréquenté par les sirènes qu'Appolonios de Rhodes évoque dans ses *Argonautiques* : « [...] une île couverte de fleurs et d'aspect riant, habitée par des sirènes, si funestes à ceux qui se laissent séduire par la douceur de leurs chants. Les Argonautes, entendant leurs voix, voulaient s'approcher du rivage, mais Orphée, prenant sa lyre, charma tout à coup leurs oreilles et les empêcha ainsi d'aborder [...] »
Par contre, dans l'arrière-pays existe un champ – *u campu guardatu* – qu'on évite d'approcher et de cultiver à cause des esprits qui y montent la garde, une légende qui a son origine dans un menhir et une tombe qui seraient les vestiges de l'ancienne nécropole de Tivolaggiu. On dit que le lieu est protégé par des serpents et que tout animal qui vient en fouler le sol devient fou.
Avant d'être un important centre de tourisme estival, Porto-Vecchio était surtout la « cité du sel », à cause des marais salants qui l'entourent et dont l'exploitation ne commença qu'en 1795.
La citadelle et la ville ont été construites par l'architecte Giovan Maria Olgiate vers 1540, mais elle ne s'était guère développée, les tentatives de colonisation par Gênes ayant échoué.

double page suivante
L'Ospédale ▼

l'Ospédale

PROSPER MÉRIMÉE, DANS SON ROMAN *MATEO FALCONE*, A FAIT DE L'OSPÉDALE, un refuge de bandits d'honneur, ces hommes contraints de se cacher après avoir accompli une vendetta.

Perles de l'Alta Rocca, la montagne et la forêt de l'Ospédale surplombent le golfe de Porto-Vecchio. Un barrage y a été construit pour capter et régulariser les eaux qui alimentent la région. Le nom d'Ospédale s'explique par le fait que les Romains ont installé un hôpital à cette altitude de 800 mètres au milieu des pins et des chênes, comme l'indique le mot *Hospitium* sur une inscription trouvée sur les lieux. La tradition de venir y soigner ses maux et surtout les fièvres des basses régions s'est perpétuée chez les habitants de la plaine.

Cascade de Piscia di Gallu ►

cascade de Piscia • di Gallu

NON LOIN DE L'OSPÉDALE, LA CASCADE DE PISCIA DI GALLU - PISSE DE COQ - fait retentir le fracas de ses eaux qui tombent de cinquante mètres sous les hautes futaies de la forêt de Barocagiu Marghese, mais c'est surtout du village de Carbini que les rumeurs ont pris l'ampleur d'un scandale à la fin du Moyen Âge.

L'église de San Giovanni Battista à Carbini, remarquable par son étrange campanile décalé, est selon le dicton déjà cité l'un des trois ouvrages réalisés en Corse par le maître architecte Maternato. Elle est surtout célèbre pour avoir été le lieu de culte d'une secte hérétique qui a défrayé, au XIVe siècle, la chronique insulaire, les Giovannali.

Cette secte a été fondée à l'initiative des frères Polo et Arrigo d'Attalà – aujourd'hui Tallano –, des bâtards en révolte contre l'oppression des seigneurs. Laïque, égalitaire, en quelque sorte collectiviste avant l'heure, elle a fait scandale dans une Corse pieuse et superstitieuse à une époque où sévissait l'Inquisition. Accusés de pratiques orgiaques et diaboliques, excommuniés pour hérésie, les Giovannali furent poursuivis et massacrés comme les Cathares, à la suite d'une croisade de purification ordonnée par le pape.

◄ Bonifacio (Bonifaciù)

Bonifacio (Bonifaciù) ►

double page suivante
Golfe de Santa Giulia ▼

BONIFACIO EST AUSSI RICHE EN MÉMOIRE HISTORIQUE QU'EN LÉGENDES. On raconte qu'en 1420, lorsque les Aragonais assiégeaient la ville, les combattants étaient si épuisés qu'une femme, Marguerite Robia, persuada les femmes de leur donner des forces en les allaitant. C'est sans doute un facétieux qui a cru bon d'ajouter que le lait fut assez abondant pour confectionner des fromages avec lesquels on bombarda les assiégeants !
Selon une autre légende, saint François d'Assise se serait arrêté à Bonifacio à son retour d'Espagne. Il aurait demandé l'hospitalité aux frères hospitaliers du couvent Saint-Julien, qui la lui auraient refusée, on ne sait pour quelle raison. Le *poverello* trouva refuge dans une grotte des environs. Dans la nuit, il en émana une telle clarté que les pêcheurs qui la virent en furent éblouis et s'agenouillèrent. On dit qu'à l'intérieur de cette grotte il y a une pierre plate qui porte la marque d'un corps, celui du saint homme.
Accoutumés aux tempêtes, les gens de Bonifacio ressentaient toujours le besoin de s'en protéger. Lorsqu'il en survenait une, on allait aussitôt chercher un reliquaire d'argent contenant un morceau de la vraie croix du Christ offert par une princesse rescapée d'un naufrage et déposé à l'église Sainte-Marie-Majeure, et on le plaçait sur la terrasse de la Manichella. Il est également porté en procession par les confréries de la cité le soir du vendredi saint.
Plus généralement, pour conjurer le mauvais sort, les marins avaient pour coutume de ramasser quatre cailloux qu'ils jetaient devant eux, à gauche, à droite, et derrière eux, en faisant le signe de croix.

◄ La Revellata

La solidarité familiale et le sens de la communauté, inculqué par une histoire d'agressions et d'occupations étrangères, n'ont pas étouffé un profond sentiment d'individualisme. Le confinement insulaire aggravé par l'isolement instille chez l'homme de la montagne la sourde anxiété de la solitude et lui fait ressentir le poids d'une destinée que prétendent imposer les forces obscures, mais il sait y échapper en cédant au désir d'une liberté que symbolise le mouflon, *a muvra,* bouquetin sauvage et insaisissable. Où peut-on mieux le comprendre que sur une crête, là où l'on peut contempler le somptueux spectacle des monts et des collines descendant en une gigantesque coulée de forêts et de pierres jusqu'aux rivages marins ? Si l'on en éprouve une sensation de puissance et de démesure, on n'échappe pas à l'angoisse lorsque la nuit tombe sur le monde clos des villages, lâchant les spectres d'un imaginaire tragique.

Chants et silences

Exprimer ce qu'on ressent au plus profond de soi est un besoin vital, d'autant plus que la langue vernaculaire n'a commencé à être transcrite qu'au XVIIIe siècle, l'italien ayant été la langue de l'écriture. Mais l'homme de la montagne a trop de pudeur et d'orgueil pour dévoiler ses sentiments par la parole nue. Il a donc usé de la meilleure arme poétique de l'identité individuelle ou communautaire, le chant, dont la forme traditionnelle s'appelle *a paghjella.* La Corse, sanctuaire des mythes fondateurs de son peuple, est aussi le conservatoire de cette forme de chant polyphonique en contrepoint pratiqué en Europe occidentale depuis le XVIe siècle. Musicologues et simples auditeurs s'accordent pour reconnaître aux voix corses une vibration et un timbre originaux, qui donnent à leurs chants une grande force d'émotion. Patrie du verbe et du chant, la Corse est aussi celle du silence. Silence des secrets imposés par la défense familiale ou communautaire, silence des sommets quand ne les troublent ni le vent ni les colères de la nature, silence du temps qui s'étire sur un rythme bien particulier entre matins et crépuscules.

◄ Profil de pierre à Piana

Campomoro ►

LE PREMIER CHANT QUE L'ON PERÇOIT EST CELUI DE LA NATURE, chant des pierres ou des oiseaux, du vent ou des torrents, du maquis ou des forêts.
Une chanson populaire l'illustre bien, celle du coucou que l'on doit à l'un des poètes corses les plus connus, Maestrale, et que l'on enseignait il n'y a pas si longtemps aux enfants.

Quand'ellu canta lu cuccu	Quand chante le coucou,
Si ralegra la marina	Le rivage de la mer se réjouit,
Spampilluleghja la fronda	Les frondaisons flamboient
Luce la petra turchina	La turquoise resplendit
U merulu e la 'jandaghja	Le merle et le geai
Ballanu la manfarina	Dansent la Manfarina,
Face spunta la filetta	Il fait poindre la fougère
Chi rifresca la muntagna	Qui rafraîchit la montagne

(Chanson populaire in Risa e Canti de Dominque Antoine Versini, dit Maestrale. 1872-1950, Trad. Pierre Lusinchi.)

aiguilles de Bavella

Bavella, ou le chant des orgues ▶

double page suivante
Plage d'Erbaju ▼

AUTOUR DU CIRQUE DU GIO AGOSTINO, DONT L'ÉPERON ATTEINT 1 780 MÈTRES, les trois aiguilles de Bavella, u Acellu, u Ariettu, a Vacca, autrefois appelées Cornes d'Asinao, sont des murailles abruptes entrecoupées de ravins et d'étroites vallées.
Ces orgues somptueuses, l'une des merveilles de la Corse, jouent une véritable polyphonie de sensations, de couleurs et de senteurs. La lumière changeante du jour donne aux roches de porphyre rouge une teinte ocre qu'elle fait virer à l'indigo sous les rayons obliques du couchant.
Au printemps, les fleurs de thym dispensent sur le col de Bavella, où ont été érigées une croix et une statue de Notre-Dame-des-Neiges, un parfum suave qu'exalte le soleil. Sur le versant oriental, les hauts pins laricio donnent à certains pics des airs de voiliers aux mâts verts que le vent, ce seigneur instable, a forcé à s'incliner.

◄ Îles Finocchiarola,
ou le chant des Oiseaux

Santa Maria ►

L'acedru inamuratu spessu gira
L'oiseau amoureux souvent virevolte,
Vulandu per li boschi e la campagna
Volette par les bois et les champs
E chivi canta, e quinci intornu mira,
Il chante là, et ici il tourne et retourne
Per ritroua l'amatta su'cumpagna,
Pour retrouver sa compagne aimée.
Quanu po nun dra trova idru s'adira,
Lorsqu'il ne la découvre pas, il s'irrite
E cun dulentu cantu içdru si lagna
Et se plaint avec un chant dolent,
Ed e'quannu ti cercu en un ti trovu,
Moi, quand je te cherche et ne te trouve,
E mile penne, e mille affanni e'provu
ce sont mille peines, mille
souffrances Que j'éprouve.
(*Extrait des* Chants de la Vendetta
publiés par J.-B. Marcaggi. Paris 1898)

SUR CES «ÎLES DU FENOUIL», PLUTÔT DÉSOLÉES, COMME SUR LA CÔTE VOISINE DU CAP, le chant que l'on entend est celui des oiseaux. Elles offrent en effet l'hospitalité de leur maquis et de leurs rochers aux oiseaux migrateurs qui viennent d'Afrique et y trouvent du mois de mars au mois de juin une étape bienvenue dans leur long vol de retour vers leurs pénates du Nord, quittés pour fuir le froid hivernal.

Elles constituent aujourd'hui une réserve naturelle protégée que fréquentent plusieurs espèces, notamment le cormoran huppé, l'engoulevent d'Europe, les fauvettes de Méditerranée, le faucon pèlerin, et surtout le goéland d'Audouin, oiseau rare qui a choisi ce lieu, le seul en France, pour se reproduire.

◄ Lit de torrent près d'Ota

Montagne di Cagna ►

LE LIT D'UN TORRENT OÙ L'EAU SE FRAIE UN CHEMIN ENTRE LES PIERRES évoque cette langue corse qui veut vivre envers et contre tout, mais nous savons que cette eau déferle parfois avec fracas et continuera de couler. Car le chant de la nature et celui de la faune qui l'habite ne peuvent surmonter la voix de l'homme. En Corse, elle était le seul moyen d'expression en langue *nustrale* – de chez nous –, cette langue marquée de particularismes régionaux et qui ne s'écrit que depuis le XVIIIe siècle, l'italien ayant toujours été celle de l'écriture avant que ne s'impose le français. Aujourd'hui, un immense effort est entrepris pour l'unifier par l'écrit, non sans débats passionnés.

Parulle nustrali mi pghjanu in gola
Les mots de chez nous cognent dans ma gorge
E a si ghjocanu à u manganiolu
Et jouent à la balançoire
A e zenne di l'ora
Sur les arêtes des heures
A facenu ticchi è facenu tacchi
Ils font tinter leur cliquetis
A u fronte figliolu
À mon front
Di silenziu è di fola
Fils du silence et de la fable
Parulle nustrali mi pghjanu in gola
Les mots de chez nous cognent dans ma gorge.
(Poème de Ghjacumu Fusina, in « E Sette Chjappelle », trad. Pierre Lusinchi.)

◄ Troupeau de moutons près de Cristinacce, dans la Cinarca

double page suivante
▼ Bergerie près de Corte

Cristinacce

EN CETTE ÎLE DE TRADITION PASTORALE, ON N'A CESSÉ D'ENTENDRE SUR LES TERRES HAUTES et tous les sentiers de transhumance, des pâturages d'altitude aux *piaghje,* où hivernent les troupeaux, la forte voix des bergers, *i pastori.* Elle résonnait autrefois pour appeler les bêtes, mais aussi pour révéler les augures décelés sur l'omoplate d'un mouton ou d'une chèvre. Lors des foires et des fêtes religieuses, on l'entendait dans les joutes oratoires improvisées des *chjam'e rispondi,* dans lesquelles il fallait rivaliser d'imagination, de sens musical, d'humour et d'ironie. Elle y chantait, comme on chante à tout moment important de l'existence, pour exprimer les sentiments, les rêves et les vœux, l'angoisse de la solitude ou de la mort. La force traditionnelle en était la *paghjella,* sur un mode polyphonique proche du style grégorien.

Profane ou religieuse, incantation ou prière, cri de douleur ou de joie, d'amour ou de révolte, toujours chargée d'une intense émotion, *la paghjella* a bien failli disparaître entre les deux guerres mondiales, étouffée par une assimilation culturelle qui a entraîné un déclin de l'usage de la langue corse et par la vogue des chansons étrangères. Mais la reconquête de la culture identitaire et la lutte pour le sauvetage de la langue engagées dans les années 1960 ont fait revivre la *paghjella.* La tradition s'est donc renouée grâce à des hommes tels que le musicologue Félix Quilici. À la suite du groupe Canta U Populu Corsu, un mouvement s'est déclenché et de nombreux groupes, quelques-uns même féminins, ce qui est nouveau, pratiquent aujourd'hui le chant polyphonique, qu'ils font entendre avec succès hors de l'île.

Église San Michele, près de Muratu ►

Muratu

C'EST UN CHANT PIEUX QUI MONTE DE L'ÉGLISE SAN MICHELE DE MURATU, DANS LE NEBBIU. Elle se dresse sur une éminence plantée d'oliviers, à l'écart du village, situé en amont du défilé de Lancone que la rivière Bevincu creuse dans les escarpements du monte San Giovanni et de la Torricella.

San Michele a été construite pour un couvent franciscain au temps de la domination pisane, vers le milieu du XIIe siècle. De style roman, avec une seule nef, elle présente une façade polychrome originale, unique en Corse, composée d'une sorte de damier alternant le calcaire blanc, la serpentine verte et des dalles de marbre rouge. Tourné vers l'est, le clocher s'élève sur deux colonnes cylindriques formant un porche. Les éléments sculptés de l'ornementation sont également remarquables. Ils se distinguent par la violence allégorique des figures d'hommes et d'animaux, anges et sirènes, fauves et agneaux, oiseaux et serpents s'entremêlant dans une représentation de la justice, du combat de la Foi contre le Mal, et d'un jardin d'Eden où Ève est confrontée au serpent tentateur.

Rappelons que la Corse a été évangélisée à partir du IVe siècle. Les premiers sanctuaires ont été bâtis dans les villes de la côte, mais le littoral a commencé de se dépeupler avec l'invasion des Barbares au milieu du Ve siècle, relayée au VIIe par une occupation byzantine et au VIIIe par les incursions des Sarrasins. L'arrivée des Pisans, chargés en 1077 par le pape de l'administration de l'île, rendit de la vigueur à la chrétienté. Ils construisirent au fil de trois siècles plus de deux mille édifices, en particulier sur le cap, dans la Balagne, la Castagniccia, et généralement à l'intérieur des terres, là où pouvaient se réunir les communautés dispersées dans la montagne. Aujourd'hui, une trentaine seulement de ces églises a survécu aux destructions et aux abandons.

Le chant religieux polyphonique a connu pour sa part une véritable renaissance, et un renouveau de vigueur avec la résurgence des anciennes confréries laïques dans le sillage de la reconquête des traditions par les nouvelles générations. Les franciscains, fortement implantés en Corse, ont contribué à en façonner la forme et le style du XVIe au XVIIIe siècle, comme dans tous les pays de culture italienne, mais avec des traits originaux particuliers à la Corse, aussi bien dans les voix que dans la technique où se mêlent d'autres influences.

◄ Île-Rousse

Couvent de Corbara ►

DE CE HAVRE DE PAIX, PROTÉGÉ DU TOHU-BOHU TOURISTIQUE DE LA CÔTE par la barrière que forme le monte Sant'Angelu (564 mètres), s'élèvent aussi cantiques et prières.

Fondé en 1430 par Mgr Nicolas Savelli, enfant du pays et évêque de l'île grecque de Tinos, l'établissement, primitivement nommé couvent d'Aregnu, a connu une existence mouvementée. D'abord confié aux franciscains, qui y hébergèrent Pasquale Paoli, il fut ruiné par la Révolution, et reconstruit par des dominicains italiens. Des frères français du même ordre leur succédèrent et y ouvrirent en 1884 un *Studium provinciale*, c'est-à-dire un collège de philosophie et de théologie, avant d'être expulsés en vertu de la loi de 1903 sur les congrégations. Le couvent, devenu propriété de la commune de Corbara, fut mué en camp de prisonniers allemands et autrichiens au cours de la Première Guerre mondiale. Depuis 1927, les dominicains de la Province de Paris en ont repris la charge. Non loin de là, le Castel des Savelli, fondé au début du IXe siècle et aujourd'hui en ruines, fut le théâtre en 1758 de la scène historique au cours de laquelle Pasquale Paoli, après s'être vu refuser l'usage du port d'Algajola par des notables de ce bourg fortifié – « les Quatre d'Algajola », leur annonça la fondation de ce qui allait être Île-Rousse.

DANS LES ENVIRONS DU VILLAGE DE CORBARA, EST NÉE À LA FIN DU XVIIIe SIÈCLE Davia Franceschini, dont la destinée a nourri une légende et un certain nombre de fantasmes ou de rêves. Jeune fille de famille modeste, sinon pauvre, qui fut contrainte d'émigrer, elle fut capturée avec ses parents par des pirates barbaresques au cours d'un voyage en bateau. Emmenée au Maroc, elle y fut remarquée par le sultan Moulay Suleiman qui en tomba amoureux et en fit son épouse. L'histoire adoucit quelque peu le sombre souvenir laissé par les Barbaresques. Si le silence de la méditation peut se trouver au couvent de Corbara, les sons que l'on perçoit de Pigna, un village tout proche, incitent plutôt à la joie de vivre et de créer. Lieu de naissance du renouveau artisanal initié par Tony Casalonga, un artiste ajaccien, Pigna est également grâce à ce dernier un véritable conservatoire de musique, où voisinent des ateliers de facteurs d'instruments traditionnels, une Casa musicale dotée d'un auditorium et l'association *e voce di u Cumunu*, qui organise des concerts et invite des musiciens venus de tous horizons pour participer à un festival annuel, « Festivoce ».

Deux églises de Cargèse ►

Cargèse

À CARGÈSE, LES DEUX ÉGLISES, LA LATINE ET LA GRECQUE, VESTIGE DE L'ORIGINE hellénique de la population, se font face de part et d'autre d'un vallon, mais il s'agit d'une confrontation pacifique, témoignage de l'heureuse conclusion de l'affaire des immigrants de Paomia, survenue après bien des remous et des violences.

Unies dans le même dogme catholique et la reconnaissance de Rome, elles se partagent les offices. Par autorisation papale, le même prêtre peut officier dans l'une et l'autre, avec les vêtements sacerdotaux propres à chacune d'elles. Quand le rite se déroule dans la grecque, les prières et cantiques sont chantés en langue grecque, au milieu des icônes sur fond d'or de style byzantin qui décorent l'iconostase, cloison de bois décorée d'images dressée entre la nef et le sanctuaire.

Des célébrations particulières telles que la fête de saint-Spiridon, celle du basilic ou de l'Exaltation de la Sainte Croix, et la coutume d'apporter une corbeille contenant un plat de riz ou de blé sucré le jour des Cendres, ont subsisté longtemps, mais il ne reste plus guère que la consécration du pain au lieu de l'hostie qui distingue le rite grec du latin. Il convient d'y ajouter les noms de famille comme Alessandri, Dragacci, Papadacci, Zanettacci ou Stephanopoli.

◂ Cimetière de Santa Reparata di Balagna

Santa Reparata

ICI, LE CIMETIÈRE N'EST PAS SÉPARÉ DES HABITATIONS, comme si les vivants voulaient garder les défunts auprès d'eux. À l'instar de tous les peuples dont l'histoire est chargée de violences, les Corses ont à l'égard de la mort des sentiments d'une intensité particulière. Ils les exprimaient autrefois, lorsqu'elle frappait, dans des chants appelés *lamenti* ou *voceri*, qui conjuguaient la passion pour le verbe avec le sens du tragique

La vie d'un membre de la famille était trop précieuse pour que la mort, infligée par la maladie ou par l'homme, ne fût pas ressentie comme un événement injuste, inadmissible, contre lequel il fallait faire appel à Dieu pour en demander compte et exiger sa justice. Il revenait aux femmes, veuves, sœurs ou filles, d'improviser un *vocero*, à la fois chant, incantation, oraison funèbre n'excluant ni la tendresse ni l'humour, exorcisme et imprécations contre le destin. Dans l'atmosphère lourde de la chambre mortuaire, la voix vibrante de la « voceratrice » exaltait l'existence du défunt, invoquait Dieu, poussait parfois jusqu'au blasphème, et dans le cas d'une mort violente, appelait à la vengeance, car *u sangue un'hè aqua*, « le sang n'est pas de l'eau ». Marie-Jean Vinciguerra, professeur et poète, a écrit que « par la bouche de ces Vestales de village, mères, sœurs, filles, un peuple chante[...] ses divisions, ses foyers dévastés par la peste de la violence ».

Santa Reparata est un village de Balagne qui a connu comme tant d'autres cette peste-là. On y conserve la mémoire d'un temps où les membres de plusieurs familles possédant des tours carrées fortifiées dans les environs avaient pour coutume de se livrer des duels meurtriers en un lieu appelé Campu dormitu ou Champ du sommeil. Mais les gens de Santa Reparata savaient aussi chanter l'amour. Autrefois, à la Saint-Jean, jeunes gens, jeunes filles et enfants arrachaient des chèvrefeuilles fleuris pour en faire de grandes couronnes, des ceintures, des queues, et les couples se juraient fidélité en entonnant en chœur la chanson de Saint-Jean.

arche de Mutuleju

ON PEUT SE DEMANDER SI CE TROU PERCÉ DANS LE ROC QUI SURPLOMBE LE VALLON DU MUTULEJU, près de Cauro (Cavru), n'a pas été percé par le diable, furieux d'entendre tant de cantiques et autres chants consacrés à Dieu.

Quand on connaît les contes et les légendes qui courent dans les environs, comment ne pas faire un rapprochement avec ce qui serait survenu un jour non loin de là, à Bastelicaccia : Lucifer avait projeté d'enlever la fille d'un meunier. Pour préparer le rapt, il avait envoyé l'une de ses créatures sous l'apparence d'un cheval, mais celle-ci l'avait dénoncé. La famille du meunier ayant brandi une croix, le diable s'était enfui en trouant un mur du moulin par le feu. Une tragédie, réelle cette fois, a ensanglanté la *pieve* de Cauro, qui comprenait les villages de la vallée du Prunelli, notamment Bastelica. Le 27 janvier 1567, Sampiero Corso, le farouche ennemi de Gênes, fut victime d'une conspiration. Trahi par certains des ses compagnons, il fut tué dans un guet-apens à proximité d'Eccica Suarella, un village des environs, et décapité. Pour certains, l'inspirateur du traquenard ne pouvait être que le diable, mais pour d'autres, ce fut une punition infligée par Dieu pour le meurtre de sa femme, sans doute plus précisément une vengeance des d'Ornano, frères de la malheureuse Vanina.

◄ Aube sur le monte Renoso

Crépuscule
sur les îles Sanguinaires ►

double page suivante
Golfe de la Girolata ▼

LA SPLENDEUR DES AUBES ET DES CRÉPUSCULES SUR CETTE ÎLE DE CORSE où retentissent si souvent les échos de la violence illustre cette phrase de Nietzshe : « C'est doucement que parle la voix de la beauté. » Sons et silences s'accompagnent de senteurs qu'exhale une terre sculptée avec magnificence et brutalité par le vent et le soleil. Légères le matin, lourdes le midi, elles se chargent à la brume des voluptueuses incertitudes de l'imaginaire. Parfums de myrte, de thym, de menthe ou de muraza, « l'immortelle » à fleurs jaunes et aux relents de chair, sont indissociables de la musique des torrents et des feuillages, prolongée dans la nuit hantée par des ombres étranges de sorcières ou de *mazzeri*, ces chasseurs capables de prédire les morts prochaines. Mouvante beauté qui nous offre une incomparable diversité entre clarté printanière et brûlure estivale, entre la caresse voluptueuse du ciel pur et le grondement des orages, colère de Dieu ou du diable qui ne parvient pas à en défigurer la splendeur. C'est une véritable symphonie que nous joue à tout moment la Corse, et quelle émotion quand des voix s'en élèvent pour chanter le *Diu vi salvi, Regina*, une prière à la Vierge Marie qu'en 1735, en pleine guerre contre Gênes, une Assemblée populaire, une *Consulta*, a décidé d'adopter comme hymne national.

Dio vi salvi, Regina...	Que Dieu vous garde, Reine...
Maria, mare di dulcezza,	Marie, mer de douceur
I vostri ochji pietosi,	Vos yeux pieux
Materni e amurosi	Maternels et aimants
A noi vultate...	Tournez-les vers nous...
A dei nemici nostri	Sur nos ennemis
A noi date vittoria	Donnez-nous la victoire
E poi l'Eterna gloria	Et puis l'Éternelle gloire
In Paradisu.	Au Paradis

INDEX

Les numéros de page en **gras** renvoient aux photographies

CRÉDITS PHOTOGRAPHIQUES

Toutes les photographies de cet ouvrage sont de Frank Mulliez.

REMERCIEMENTS

Frank Mulliez tient à remercier particulièrement Michel Anglade.

Avec ses 30 000 heures de vol sur hélicoptères, avions, planeurs, ULM et parachute,
Michel Anglade représente un cas exceptionnel dans l'histoire de l'aéronautique.
Après avoir effectué une carrière militaire sur hélicoptères de combat, avoir été pilote au SAMU et en haute montagne,
il a été également le patron de la flotte d'hélicoptères du rallye Paris – Dakar pendant dix ans.
Il a survolé presque toute la planète et surtout l'Afrique où il se sent comme chez lui.

Passionné depuis toujours de photographie, il aide certains photographes à se lancer dans les prises de vue aérienne.
Aujourd'hui c'est à son ami Frank Mulliez, qu'il a formé pilote d'hélicoptère à 18 ans, qu'il prête les pales de son hélicoptère.

Tana éditions
Conception graphique : Gwénaël Le Cossec
Mise en pages : Jean-Claude Marguerite
Coordination éditoriale : Isabelle Raimond
Réalisation photogravure : Frédéric Bar

Éditions Géo
Direction éditoriale : Jean-Luc Marty
Direction du développement : Dominique Fleurmont, Pierre-Olivier Bonfillon
Si vous souhaitez recevoir ce catalogue des Editions Géo,
envoyez votre demande à l'adresse suivante :
Éditions Géo, 62067 Arras Cedex 9
Internet : www.geomagazine.fr

Cet ouvrage reprend le contenu de *La Corse en plein vol* paru en 2005
© 2005, Tana éditions
© 2005, Prisma Presse/Géo, Paris
ISBN 978-2-84567-459-2
Dépôt légal : juin 2008
Imprimé en Espagne